SENTIR-SE BEM FAZ BEM A VOCÊ

Sugestões fáceis e prazerosas
para seu sistema imunológico
e prolongar sua vida

Carl J. Charnetski & Francis X. Brennan

Tradução
Dinah de Abreu Azevedo

Editora Rosely M. Boschini	Título original: *Feeling good is good for you* Copyright © 2001 by Carl J. Charnetski, Ph.D.,
Assistente editorial Rosângela Barbosa	and Francis X. Brennan, Ph.D. Publicado por acordo com Rodale, Inc., Emmaus, PA, U.S.A.
Produção Marcelo S. Almeida	Todos os direitos desta edição são reservados à Editora Gente. Rua Pedro Soares de Almeida, 114
Capa Henrique Theo Möller	São Paulo, SP CEP 05029-030 Tel.: (11) 3670-2500 Site: http://www.editoragente.com.br E-mail: gente@editoragente.com.br
Diagramação e fotolitos Join Bureau	**Observação:**
Preparação Maria Alayde Carvalho	Este livro pretende ser apenas uma referência, e não um manual de medicina. As informações apresentadas aqui têm a intenção de ajudar você a tomar decisões bem informadas sobre sua saúde. Não há a intenção de substituir nenhum tratamento que lhe tenha sido receitado por seu médi-
Revisão Cristina Paixão	co. Se suspeitar de que tem alguma doença, insistimos para procurar tratamento médico competente.
Impressão e acabamento	Os dados da Escala Rahe de Estresse da página 100 foram extraídos da *Journal of Psychosomatic Research* 43, Mark A. Miller e Richard H. Rahe, "Life Changes: Scaling for the 1990s", e reproduzidos com permissão da Elsevier Science. A Escala de Atitude de Animais de Estimação da página 160 foi extraída de *Psychological Record* 31, nº 3, Donal I. Templer, David M. Veleber, Charles A. Salter, Sarah Dickey e Roy Baldwin, "The Construction of a Pet Attitude Scale", 1981, e reproduzida com permissão.

Dados Internacionais de Catalogação na Publicação (CIP)
(Câmara Brasileira do Livro, SP, Brasil)

Charnetski, Carl J.
    Sentir-se bem faz bem a você : sugestões fáceis e prazerosas para fortalecer seu sistema imunológico e prolongar sua vida / Carl J. Charnetski, Francis X. Brennan; tradução Dinah de Abreu Azevedo. — São Paulo : Editora Gente, 2004.

    Título orginal: Feeling good is good for you
    Bibliografia.
    ISBN 85-7312-435-0

    1. Imunidade natural 2. Imunidade natural – Efeitos do estresse 3. Prazer – Aspectos fisiológicos 4. Psiconeuroimunologia 5. Qualidade de vida I. Brennan, Francis X. II. Título.

                                                               CDD-616.079
04-6731   NLM-QW 541

Índices para catálogo sistemático:
1. Imunidade-prazer : Relação : Qualidade de vida : Ciências médicas   616.079
2. Prazer e sistema imunológico : Qualidade de vida : Ciências médicas   616.079

A Susan, cuja força, graça e determinação, combinadas à sua beleza tanto interior quanto exterior, foram uma fonte de inspiração no decorrer de todo este trabalho. Temos certeza de que esses atributos, com algumas de nossas idéias, foram responsáveis, pelo menos em parte, conjugados a seu tratamento médico, pela remissão completa de seu linfoma (que não era o de Hodgkin), diagnosticado há pouco tempo.

A Carl e Irene, cuja disposição astuta e carinhosa explica a melhoria do sistema imunológico tanto da família quanto dos amigos. Eles são maravilhosos.

A Carl, Karen, Caden, Cindy e J., que fizeram comentários inteligentes, participaram do debate intelectual, deram apoio e mostraram entusiasmo ou prazer puro e simples durante a redação deste livro.

Carl J. Charnetski

A meu pai (1926-1996), que me ensinou a amar o saber, e a Tina, que me ensinou a amar a vida.

Francis X. Brennan

Agradecimentos

Com um projeto dessa magnitude, há muitas pessoas a quem agradecer. A primeira delas é Nancy Hancock, diretora editorial da Rodale, por seu intelecto, apoio, tempo e paciência durante o ano passado.

Queremos agradecer ao vice-presidente e diretor editorial da Rodale, Neil Wertheimer, cuja perspicácia, discernimento e organização, somados aos de Nancy, ajudaram a tornar realidade este livro.

Gostaríamos também de agradecer a Lisa Andruscavage e seus revisores, que desempenharam papel crucial na tradução de nossas palavras do "academês" para a linguagem corrente.

Margie Price digitou a maior parte do manuscrito – além de seu domínio impressionante do editor de texto, sua presença estimulou nosso sistema imunológico durante o longo processo de redação. Sue Paoletti também digitou partes do manuscrito e foi de grande valia.

Temos de mencionar as centenas de estudantes da Wilkes University que consentiram em cuspir em tigelas por alguns créditos a mais. Muitos outros nos ajudaram a coletar e analisar dados, e lhes somos muito gratos. Agradecemos também ao corpo docente e aos colegas do setor administrativo que nos ajudaram e encorajaram. Nosso agradecimento especial ao bibliotecário Brian Sacolic.

Obrigado a todos os nossos parentes por afinidade – Harry, Esther, Kathy, Ward, Cindy, Billy, Sally e Eric – e às respectivas famílias. Foram uma fonte constante de prazer – que promoveu nosso sistema imunológico – durante toda a redação deste livro.

Obrigado a vocês, Bill e Ellie, Jim e Charlotte, cuja amizade e apoio têm sido de valor incalculável. Obrigado, Bob e Tony, companheiros de pescaria, que exigiram uma apresentação de idéias completa e rigorosamente científica relacionada ao livro antes de lhes dar crédito. Todas as viagens de pescaria resultaram numa defesa oral de cada parte de nossa tese, mas foi um prazer.

Obrigado também ao doutor Georges M. Halpern por suas informações e sua inspiração.

Finalmente, gostaríamos de agradecer a nossas mulheres, Susan e Tina, pela paciência e pelo apoio. Passamos muitas noites e fins de semana na frente do computador, lendo ou ambas as coisas, e seu amor e sua compreensão foram essenciais.

Sumário

Prefácio ◆ 13

Introdução ◆ 19
A relação imunidade-prazer
O que é, como funciona – e como pode atuar em seu caso

Capítulo 1 ◆ 29
Conheça seu sistema imunológico
O "ministério da defesa" do corpo
◆
Ligue-se... ... a uma imunidade maior ◆ 51

Capítulo 2 ◆ 53
Está tudo na cabeça
Como a atitude, a disposição e o estado de espírito afetam sua imunidade
◆
Ligue-se... ... a uma atitude mais positiva ◆ 79

Capítulo 3 ◆ 85
A fria do estresse
Luta, fuga e a relação imunidade-prazer

◆

Ligue-se... ... a menos estresse ◆ 106

Capítulo 4 ◆ 109
A música lava a alma
Mas será que consegue curar o resfriado comum?

◆

Ligue-se... ... à música ◆ 126

Capítulo 5 ◆ 131
O prazer do toque
Amor, sexo e apoio social

◆

Ligue-se... ... ao toque ◆ 148

Capítulo 6 ◆ 151
Um tributo aos animais de estimação
Os melhores amigos do sistema imunológico

◆

Ligue-se... ... aos instintos animais ◆ 168

Capítulo 7 ◆ 175
Humor
Rir é de fato o melhor remédio

◆

Ligue-se... ... ao humor ◆ 190

Capítulo 8 ♦ 193
Luz, visão e intuição
Veja a luz e alimente a fé

♦

Ligue-se... ...à luz dentro e fora de você ♦ 200

Capítulo 9 ♦ 203
Prazer: a última fronteira
E agora – para onde vamos?

Glossário ♦ 229

Referências bibliográficas ♦ 237

Prefácio

Toda cura é autocura.
Albert Schweitzer, filósofo, erudito musical e médico missionário

Você tem artrite que lhe provoca dores? O trabalho costuma ser um desafio estressante à sua paciência? Você está acima do peso? Pensamentos deprimentes sabotam sua alegria de viver? Você tem tendência a pegar resfriados e gripes? Tem um histórico familiar de doença cardíaca ou câncer? Em resumo, você está preocupado em preservar a saúde ou em acelerar seu processo de recuperação?

Nesse caso, temos uma fórmula específica para você.

Não se preocupe – não vamos exigir que entre numa rotina exaustiva de exercícios físicos, siga uma dieta rigorosa e detalhada nem que se exponha a uma bateria de exames e procedimentos médicos invasivos. O que estamos propondo é, pelo contrário, uma terapia complementar na qual você pode tomar um copo de bom vinho, ter um gato ou cachorro como animal de estimação, transar com a pessoa que ama, ouvir um pouco de boa música e assistir a um programa divertido na TV.

Por quê? Porque todas essas prescrições – de coçar a barriga de seu cachorro a rir das caretas malucas de Jim Carrey e ouvir uma música que você adora ao tocar a pessoa que ama – estão associadas ao fortalecimento do sistema imunológico, o mecanismo de defesa interna de seu corpo contra infecções, doenças e enfermidades.

E qual é exatamente o denominador comum de todas essas prescrições, que parecem nos fazer sentir tão bem?

Prazer.

Embora as descobertas sejam relativamente novas – algumas documentadas somente na última década e algumas ainda inéditas –, a ciência que está em sua base é sólida e a evidência é suficiente para nos convencer da existência de uma relação íntima entre a percepção de prazer da mente e a capacidade do corpo de combater a doença.

Princípios de Prazer, Principais Prazeres

Devido ao fato de o conhecimento médico e psicológico estar em expansão constante, a ciência começa a entender as interações complexas e delicadas entre o cérebro, o sistema nervoso e o sistema imunológico. A maior parte da literatura desse campo florescente fala das influências negativas do estresse, da depressão e de outras variáveis psicológicas sobre o vigor do sistema imunológico. Mas alguns pesquisadores, entre os quais nos incluímos, preferiram abordar a questão do outro lado da moeda, procurando formas positivas de manipular a capacidade do sistema imunológico para prevenir com mais eficácia as doenças e restaurar a saúde mais rapidamente.

Muitas pesquisas – inclusive as nossas – hoje confirmam a afirmação de que obter e manter a saúde não deve ser uma batalha, mas um prazer.

Sabemos o que está pensando: como ser feliz e otimista ou se divertir se você está doente? Não vamos discutir essa questão. É difícil curtir quando a gente não se sente bem. Mas agora a ciência pode dizer com certo grau de certeza que, se você já está doente, tem muito mais chances de melhorar, e logo, se tentar usufruir a vida e minimizar o estresse e a negatividade. E, se não está doente, terá mais chances de continuar bem se fizer do prazer uma prioridade de sua vida.

O Remédio que Está em sua Cabeça

Pode parecer uma banalidade, mas, em grande medida, muitos tipos de doença começam de fato em sua cabeça. Isso não significa que você esteja louco, e sim que seus pensamentos podem literalmente preparar o terreno de uma doença. Muitos estudos comprovam que, se você achar que vai ficar doente, é bem provável que acabe manifestando os sintomas de determinada doença. A náusea, por exemplo, é um efeito colateral comum da quimioterapia. Não é raro ver pacientes que fazem tratamento regular de quimioterapia começarem a sentir-se mal do estômago assim que passam pela porta do centro de oncologia.

Em contrapartida, uma boa notícia: grande parte da cura medicinal pode ser atribuída não a alguma droga miraculosa nem a um procedimento cirúrgico, e sim ao simples poder da mente sobre qualquer coisa que seja importante para você. Essas estimativas não foram feitas por defensores de abordagens alternativas nem por charlatães, derivam diretamente de uma montanha de pesquisas apresentadas por periódicos de prestígio como o *Journal of the American Medical Association*, *The New England Journal of Medicine*, *Archives of Internal Medicine* e outros veículos respeitáveis.

A pesquisa científica chegou à conclusão de que suas crenças, suas expectativas e seu estado emocional podem realmente fazer tanta diferença (ou mais) quanto um número maior de manipulações fisiológicas. Em outras palavras (simplificando nossa tese numa frase de pára-choque de caminhão): os médicos nem sempre curam as pessoas, em geral as pessoas curam a si mesmas.

Se você conseguir entrar em contato com esses circuitos internos que promovem a saúde e desviar as influências e expectativas negativas, poderá dar muitos passos no caminho da cura e da prevenção sem ter necessidade de intervenções médicas freqüentes. Mas não estamos recomendando que abra mão de tratamentos médicos de profissionais competentes na esperança de "induzir" a si mesmo, de alguma forma, a sentir-se bem.

A Organização deste Livro

A explosão de informações sobre fatores que influenciam nosso sistema imunológico – e, por conseguinte, nossa saúde – foi o que nos levou a escrever este livro. Apresentamos as linhas gerais da relação imunidade-prazer, incluindo sua definição e o que levou a comunidade médica e científica até esse conceito empolgante. Apresentamos também uma descrição e uma explanação bem básicas das várias partes do sistema imunológico e da maneira como funcionam, seguidas de um exame das formas pelas quais nossa disposição mental e o estresse põem nosso organismo em risco.

Apresentamos ainda pesquisas clínicas, de laboratório e de campo, publicadas recentemente e ainda inéditas, desde que se relacionem a questões de saúde pertinentes. Essas descobertas confirmam a premissa de que você pode influenciar seu sistema imunológico por meio da sintonia fina com os principais circuitos de prazer de seu corpo. Grande parte do texto inspirou-se em aproximadamente dezoito anos de pesquisa e trata da influência de vários fenômenos psicossociais e ambientais sobre o funcionamento do sistema imunológico. Introduzimos também uma proposição nova e revolucionária: o sistema imunológico nos afeta psicologicamente.

Tentamos considerar com seriedade somente estudos científicos, sem levar em conta a evidência anedótica. Por mais inusitados que pareçam, alguns dos estudos que descrevemos são de fato reais. Quando têm defeitos óbvios, nós os apontamos. Em alguns casos, fazemos especulações que vão além dos dados.

Mostramos a você como se conectar, literalmente, integrando a relação imunidade-prazer à vida cotidiana. Oferecemos grande número de fórmulas de prazer ao longo de todo o livro para que você consiga estabelecer essa conexão. São sugestões simples, fáceis de pôr em prática na vida real, destinadas a ajudá-lo a mobilizar forças de autodefesa para combater a doença aproveitando seu gosto natural pelo sexo, por animais de estimação, pela música, pelo riso e pelos entes queridos, entre outros. Além disso, damos uma amostra de como é fácil e prazeroso fortalecer o sistema imunológico com a Fórmula de Prazer de 13 Pontos.

Finalmente, um glossário apresenta e reúne termos comuns relacionados à imunidade e suas definições para facilitar a consulta.

Afirmamos então que, se você fizer sexo, ouvir um pouco de música, tiver um cachorro e der algumas boas risadas nunca vai ficar doente? Claro que não. Você pode fazer todas as coisas que sugerimos ao longo de todo o livro e mesmo assim pegar um resfriado ou desenvolver um câncer. Não estamos dizendo que comportamentos prazerosos são os únicos fatores que influenciam o sistema imunológico. Queremos dizer que atividades prazerosas podem dar um estímulo significativo e muito necessário ao sistema imunológico. Alguns desses estímulos talvez sejam modestos, mas lembre-se: eles podem potencializar-se. Pequenas melhoras da função imunológica, provenientes ao mesmo tempo de várias fontes, equivalem, em conjunto, a um grande estímulo. E isso pode ser o suficiente para fazer o ponteiro sair do nível "doente" e entrar na faixa "saudável".

Uma das frases mais célebres do filósofo inglês Thomas Hobbes é aquela em que ele diz que a vida é "repugnante, brutal e curta". Além de não parecer o melhor parceiro para tomar uma cerveja, achamos que Hobbes estava errado. Acreditamos que a vida pode ser encantadora, prazerosa e longa. O impulso humano de prazer, quando satisfeito com moderação, ajuda-nos a avançar no caminho que leva à saúde. Que idéia maravilhosa essa!

Introdução

A relação imunidade-prazer

O QUE É, COMO FUNCIONA – E COMO PODE ATUAR EM SEU CASO

A humanidade avançou, quando avançou, não por ser sóbria, responsável e prudente, mas por ser brincalhona, rebelde e imatura.
Tom Robbins, romancista

Como acontecera durante as duas semanas anteriores, Mary chega ao escritório ao raiar do dia. Seu marido não está nada contente com os horários inusitados dela ultimamente. Brigaram por causa disso mais de uma vez, mas não havia opção. As brigas de ambos continuam em sua cabeça enquanto ela entra na lanchonete do escritório, prepara uma garrafa de café, compra uma barra de cereais na máquina, vai até sua mesa, esfrega os olhos e começa a trabalhar.

Mais ou menos uma hora depois chega um colega. Ele se debruça sobre a mesa de Mary para discutir um documento, boceja e depois espirra. Ela recua instintivamente – o colega pede muitas desculpas, mas continua espirrando. Voltam a atenção para o documento. Mary percebe que pode ter sido exposta a um ar meio contaminado, mas diz a si mesma que a exposição foi breve e inconseqüente. Afinal de contas, a estação dos resfriados já está bem adiantada e ela conseguiu evitá-los. Além disso, está sobrecarregada demais com outras questões para se preocupar com a possibilidade de ficar doente.

Mas o que Mary não percebe é que, durante toda a manhã, só fez aumentar suas chances de pegar um resfriado.

Vamos reconstituir seus passos. A caminho do escritório, ela tocou maçanetas de portas e botões de elevadores provavelmente contaminados por germes. Apertou o botão da máquina de vender barras de cereais, outra provável fonte de contaminação. Depois esfregou os olhos, permitindo que todos os germes ou vírus presentes entrassem por uma das partes mais vulneráveis do corpo. Suas mãos também tocaram a barra de cereais antes de colocá-la na boca, outro ponto vulnerável do corpo. E então veio aquele espirro.

Se Mary não tivesse outras preocupações, provavelmente continuaria invulnerável ao resfriado. Mas está tão repleta de problemas psicológicos que acaba sucumbindo ao microorganismo. Estresse, preocupação intensa consigo mesma e dinâmica familiar desequilibrada aumentam suas chances de ficar doente porque comprometem a capacidade do sistema imunológico de reagir e proteger o organismo, aumentando a permeabilidade das membranas mucosas e também a capacidade reprodutora de vírus e bactérias.

Mary pode culpar o colega que espirrou perto dela por fazê-la adoecer, mas é bem provável que, enquanto não conseguir controlar o mundo à sua volta nem injetar um pouco da tão necessária conexão imunidade-prazer em sua vida, vai ficar doente – e logo.

A Conexão

Os pesquisadores estão descobrindo que aquilo que chamamos de mente – essa entidade mística que abrange pensamentos, lembranças, emoções e personalidade – se relaciona à atividade de neurônios cerebrais situados em áreas mais elevadas do cérebro que fazem conexões descendentes com outros neurônios que ficam num nível mais baixo, depois com a medula óssea e, por fim, com o resto do corpo. Essa opinião da maior parte dos neurocientistas foi explorada num livro chamado *The astonishing hypothesis* [A hipótese assombrosa], de *sir* Francis Crick, que ganhou o Prêmio Nobel. Segundo Crick e outros cientistas, esses "neurônios terminais" podem influenciar todos os aspectos do sistema imunológico, das células B e T a órgãos linfáticos como o baço e o timo. Esse esotérico fato neurofisiológico tem enormes implicações nos tratamentos de saúde. Em algumas poucas conexões está um circuito relativamente simples através do qual coisas como estado de espírito, personalidade e comportamento podem alterar a atividade imunológica.

A idéia de que a mente talvez influencie nossa saúde não é realmente nova. Desde a Roma do século II os médicos observavam a relação entre a depressão e o desenvolvimento posterior do câncer. "A preocupação e a tensão dos tempos modernos contribuem muito para a degeneração arterial", disse o famoso cardiologista *sir* William Osler. Esse é um comentário interessante sobre a relação mente-corpo, que se torna mais interessante ainda por ter sido feito em 1898! Tais declarações começaram a aparecer na literatura médica já no século XVIII, e a época de Osler viu as primeiras demonstrações científicas da conexão mente-corpo.

A partir de meados do século XIX, a medicina, de forma genérica, preferiu concentrar a maior parte de sua atenção no corpo, e não na mente, enfatizando a cirurgia e a farmacologia em detrimento da psicologia. Embora muitos – tanto médicos quanto pacientes – acreditassem haver realmente ligação entre o estado de espírito e o estado de saúde, uma evidência documentada que corroborasse essa idéia não existia ou nunca foi procurada. A suposição científica básica de que o sistema imunológico opera isoladamente dos outros sistemas fisiológicos do corpo contribuiu para essa falta de evidência.

Mas os estudos sobre a relação mente-corpo nunca desapareceram por completo. Apenas se esconderam sob rótulos genéricos de "medicina comportamental" e "medicina psicossomática". E, nas últimas décadas, à medida que a ciência e a tecnologia avançaram, os pesquisadores conseguiram estabelecer, de forma absolutamente convincente, o fato de que, longe de funcionar independentemente do resto do corpo, o sistema imunológico interage intimamente com o sistema nervoso, que governa todos os nossos pensamentos e processos fisiológicos, assim como com o sistema endócrino, que segrega hormônios. Os pensamentos afetam os hormônios, os hormônios afetam os pensamentos, e ambos afetam os componentes do sistema imunológico por meio de uma interação fabulosamente complicada, cujas profundezas a ciência só está começando a entender. Uma declaração que podemos fazer com elevado grau de certeza é que a existência dessas ligações diretas entre a mente e o sistema imunológico é clara. E foi essa idéia que gerou a relação imunidade-prazer.

Psiconeuroimunologia: um Palavrão para Definir a Medicina Comportamental

Esse conceito fundamental – o sistema imunológico é uma entidade que podemos administrar ativamente em vez de medicar reativamente – levou alguns pesquisadores a descobrir e documentar uma série de maneiras pelas quais outras variáveis além dos germes obsoletos de antigamente podem comprometer nossa saúde. Agora, por exemplo, a maior parte das pessoas aceita o fato de que um nível elevado de estresse e depressão enfraquece nossas defesas, tornando-nos mais suscetíveis não só a resfriados mas também a problemas mais sérios, como doenças cardíacas e câncer.

A visibilidade que essa evidência surgida recentemente adquiriu é tão grande, na verdade, que levou à formação de todo um novo campo da medicina dedicado às interações do sistema imunológico com a mente e o progresso da doença. Esse campo foi chamado de *psiconeuroimunologia*, um palavrão que se refere à psicologia (*psico*), ao cérebro e ao sistema nervoso (*neuro*) e à sua força de defesa, o sistema imunológico (*imunologia*). Para evitar problemas com esse palavrão, chamamos a psiconeuroimunologia de PNI.

Apresentamos a seguir uma parte da pesquisa que dá substância a esse conhecimento crescente sobre a medicina comportamental, da qual a PNI é parte integrante.

◆ Pense no cirurgião ortopédico de Houston que considerou o caso de dez candidatos à cirurgia artroscópica de joelho. Ele realizou o procedimento em cinco dos participantes. Nos outros cinco indivíduos dispostos a fazer a operação, ele simplesmente fingiu ter realizado a cirurgia fazendo três incisões simples. Depois de seis meses, todos os dez pacientes sentiram redução substancial das dores no joelho.

◆ Em Seattle, um cardiologista operou um grupo de pessoas que sofriam dores provocadas por angina do peito. Noventa por cento sentiram menos dores depois de fazer esforço. Em outro grupo de pessoas com angina, o cardiologista disse a seus membros que os operaria, mas só fez incisões superficiais no peito e suturou-as imediatamente. Depois desses procedimentos, 90% das pessoas que fizeram a cirurgia falsa – todos elas sabiam estar participando de um estudo – disseram ter sentido menos dores.

◆ Um médico inglês estudou o potencial de auto-recuperação da mente e do corpo entre 200 pessoas com problemas genéricos e superficiais. Ele apresentou diagnóstico à metade e disse que essas pessoas melhorariam em poucos dias. Afirmou às outras que não sabia por que se sentiam doentes e não tinha como prever quando seus sintomas desapareceriam. Duas semanas depois, 64% dos membros do primeiro grupo, que fora tranqüilizado e confortado, estavam recuperados de suas doenças. Por outro lado, só 39% das pessoas que ficaram sem diagnóstico sentiram-se melhor.

◆ Há também o estudo realizado pelo pesquisador F. J. Evans, realizado com pacientes hospitalizados que sentiam dores suficientemente fortes para receber injeções de morfina, o poderoso narcótico derivado do ópio. Foi dito a todos eles que receberiam injeções da droga, mas a morfina só foi administrada a alguns. Os outros receberam um placebo que não continha nenhum tipo de analgésico. Os pacientes que receberam a injeção da substância inerte tiveram redução de 56% da dor em relação aos que receberam a morfina propriamente dita.

Queremos dizer que foi a cabeça desses pacientes, e não uma panacéia, que deu a muitos dos participantes do teste o alívio que estavam procurando. Na verdade, grande parte da eficácia da farmácia moderna – entre 35% e 75%, conforme a droga em questão, os procedimentos seguidos na pesquisa e as estatísticas usadas – foi cientificamente atribuída à simples crença de que tomar um comprimido daria certo. Esse fenômeno passou a ser conhecido como efeito placebo.

O Denominador Comum: Prazer

De acordo com a definição de Nathaniel S. Lehrman, doutor em medicina, apresentada em 1993 nos *Archives of Internal Medicine*, "o efeito placebo é um dos exemplos mais importantes do princípio de que o prazer cura". Isso, evidentemente, levanta a questão: como ele atua?

A administração de um placebo afeta os aspectos fisiológicos, psicológicos, neurológicos e imunológicos do corpo e da mente de forma muito parecida com a redução do estresse.

◆ Acalma a turbulência hormonal e química induzida pelo estresse, que faz mal à saúde.
◆ Desencadeia um fluxo de substâncias químicas que fazem a pessoa sentir-se bem e melhoram sua saúde.
◆ As substâncias químicas que fazem a pessoa sentir-se bem fortalecem o sistema imunológico.

Segundo um conjunto estimulante e crescente de pesquisas, seu sistema imunológico não sabe (ou não se importa em saber) qual é a origem do placebo. Torna-se irrelevante saber se você foi tratado com uma droga falsa, um procedimento cirúrgico de faz-de-conta ou com uma dose saudável de abraços, risos e bom vinho. Em todos esses casos, a mente pode triunfar sobre a matéria.

O "barato" natural: em sintonia com o sistema imunológico

Para entender o que é o efeito placebo, seria bom examinar alguns estudos relacionados ao estado que conhecemos como felicidade. O que, fisiologicamente, produz esse estado singular da mente? Um volume considerável de pesquisas concentrou-se na liberação, pelo sistema nervoso central, de endorfinas, encefalinas, dinorfinas e outras substâncias similares. Essas substâncias químicas, chamadas coletivamente (e de forma simplista) de endorfinas, são classificadas como peptídios opióides ou opiatos endógenos (produzidos naturalmente). Como o nome indica, parecem (em termos de estrutura química) e agem (embora de forma muito mais suave e segura) como o ópio, o narcótico derivado da papoula do qual se faz bom e mau uso desde cerca de 4000 a.C. para relaxar, sedar, acabar com a dor, provocar sentimentos de prazer e induzir à euforia.

Para apresentar uma evidência, vamos voltar ao estudo feito com morfina, que é a versão farmacêutica mais forte do extrato de papoula. Lembra-se de que a dor diminuiu em mais da metade das pessoas que estavam sob a falsa impressão de ter recebido uma injeção da droga? Quando os médicos administraram os produtos químicos (como naloxona ou naltrexona) que bloqueiam os efeitos dos opióides, tanto dos segregados pelo próprio organismo quanto dos aplicados externamente, não houve alívio nenhum. É possível que a fé no tratamento fictício com morfina tenha induzido os pacientes a fabricar os próprios opiatos endógenos (aliás, a naloxona costuma ser empregada como antídoto contra *overdoses* de narcótico, enquanto a naltrexona, com o nome comercial de ReVia, tem sido usada para ajudar as pessoas a superar o vício em narcóticos).

As endorfinas são responsáveis pelo chamado "barato do corredor", experimentado com doses moderadas de exercícios físicos. E, como observou John Jones, um médico inglês do século XVIII, ao periódico *Journal of Neurology, Neurosurgery, and Psychiatry*, também estão associadas a "um grau moderado e permanente daquele prazer cujo nome o recato obriga a omitir" (isto é, orgasmo). Hoje, graças à pesquisa com animais, sabemos que os níveis de endorfina são cerca de 86 vezes maiores depois que os animais experimentam orgasmos múltiplos.

Nosso corpo não segrega endorfinas só quando fazemos exercícios físicos ou sexo. Elas também são liberadas quando sentimos prazer. Não importa se estamos brincando com o cachorro ou o gato da família, assistindo a uma comédia, ouvindo nossa música predileta, fazendo amor, resolvendo nossos problemas a contento, desfrutando a bonança depois da tempestade – ou supondo que certo tratamento nos devolverá a saúde. Tudo quanto o corpo sabe é que, de alguma forma, suas necessidades estão sendo satisfeitas.

Seria falta de consideração encerrar nosso argumento em favor das endorfinas endógenas afirmando apenas que elas combatem os hormônios do estresse, prejudiciais ao sistema imunológico, e melhoram o estado de espírito. A química do prazer faz muito mais que isso – pode realmente melhorar a função imunológica produzindo um peptídio bactericida. As endorfinas também aumentam a capacidade de identificar e eliminar invasores de vários componentes do

Azul, vermelho ou verde: qual deles lhe dá prazer?
Em latim, a palavra *placebo* significa "algo que é do meu agrado". E, dada a grande quantidade de pesquisas feitas por cientistas que investigam a dor, não chega a ser surpresa a descoberta de que certos placebos dão mais prazer aos pacientes que outros. Pílulas brancas e de forma angulosa, por exemplo, são melhores para produzir efeitos fisiológicos do que comprimidos brancos e redondos; pastilhas coloridas são mais eficazes que as brancas; e cápsulas transparentes contendo glóbulos minúsculos de cor azul funcionam melhor como indutores de determinado efeito que as pastilhas coloridas. Um placebo é mais bem recebido na forma de injeção do que por via oral, e um tratamento intravenoso com placebo é mais eficaz que uma injeção. Finalmente, qualquer placebo administrado por um profissional no hospital é muito mais convincente do que se a pessoa o tomasse sozinha em casa.

sistema imunológico, entre os quais as células B, as células T, as células NK e as imunoglobulinas (todas elas serão discutidas no próximo capítulo). Na verdade, certas células imunológicas conseguem segregar as próprias endorfinas como forma de desenvolver sua potência letal. Geralmente, quando o corpo libera opiatos endógenos, o sistema imunológico fica mais ativo, mais produtivo, mais letal e mais protetor.

Como cientistas, consideramos espantosamente significativos todos esses fatos e suas implicações lógicas. Ao menos em certa medida, algumas formas de indução à felicidade, à alegria, ao contentamento e ao prazer podem levar as terapias tradicionais a resultados melhores.

Capítulo 1

Conheça seu sistema imunológico

O "MINISTÉRIO DA DEFESA" DO CORPO

Vencer não é tudo. É a única possibilidade.
Vince Lombardi, ex-técnico dos Green Bay Packers

Se você pudesse examinar ao microscópio toda comida que ingere, toda água que bebe, todo ar que respira e todas as coisas em que suas mãos e seu corpo tocam, ficaria tão chocado, aterrorizado, enojado e nauseado que preferiria viver numa bolha anti-séptica e impenetrável. A quantidade de micróbios, germes, microorganismos e outros seres asquerosos que se instalam no corpo é assombrosa. Estão em toda parte. Sua atividade é incansável – e não há como fugir deles.

Bactérias, vírus, substâncias químicas que promovem o câncer, fungos, parasitas – todos querem você ou, no mínimo, um pedaço de você. Muitos são inofensivos, mas outros podem acabar com sua vida. Coletivamente, são conhecidos como antígenos. Aqueles que podem causar doenças são chamados de agentes patogênicos (veja o quadro "Conheça o inimigo", neste capítulo). Para proteger seu organismo, a natureza criou uma estratégia segura: um sistema interno de defesa que identifica, ataca e, assim se espera, destrói tudo o que não pertence naturalmente ao corpo.

Bem-vindo a seu sistema imunológico, uma fábrica que trabalha 24 horas por dia, criada com a finalidade exclusiva de manter você vivo e saudável. A qualidade de seu desempenho é, porém, outra história. Ele é constituído de substâncias obscuras, interações intrincadas, contradições e outras questões técnicas. Não há dúvida de que o sistema imunológico é complicado, mas a compreensão básica de seu funcionamento é fundamental para entender por que as coisas boas da vida preservam sua saúde.

A Guerra Contra os Micróbios: como o Sistema Imunológico Funciona

O sistema imunológico é uma rede complexa de células e órgãos. O sistema de células B, que consiste principalmente de um punhado de anticorpos circulantes chamados imunoglobulinas, responde pela imunidade humoral. As várias células T fazem parte do que é conhecido como imunidade celular. Entre os órgãos que geram esses fluidos e células, temos a medula óssea, o timo, que se localiza na frente da cavidade peitoral, os nódulos linfáticos, encontrados no pescoço, nos braços e em toda a parte superior do tronco, e uma coalizão chamada de tecido linfóide associado a mucosas (Malt, em inglês), que consiste nas amígdalas, nas adenóides, no apêndice e nos folículos linfáticos agregados de Peyer, nos intestinos.

Como funciona tudo isso? Considere a seguinte metáfora militar: o reconhecimento aéreo detecta o avanço do inimigo num pedaço de terra estrategicamente valioso e passa uma mensagem por rádio para alertar o quartel-general. O quartel-general envia um sinal à

Órgãos do sistema imunológico

Todos sabemos que nosso corpo tem órgãos e tecidos que nos dão a proteção imunológica de que precisamos. Mas quem sabe o nome de todos eles ou, pior ainda, quem sabe onde se localizam? Apresentamos uma pequena lista bem sucinta para ajudá-lo a conhecer melhor seu sistema imunológico.

Primário
Medula óssea: área interna de todos os ossos
Timo: na frente da cavidade peitoral

Secundário
Nódulos linfáticos: entre o pescoço e a pélvis
Baço: área do tronco

Tecido linfóide associado a mucosas
Amígdalas: cavidade oral
Adenóides: cavidade oral
Apêndice: área do tronco
Folículos linfáticos agregados de Peyer: intestinos

patrulha que vigia a área onde está esse local ameaçado para que se prepare para o combate. Apesar do objetivo geralmente acurado de detectar os invasores e impedir sua entrada, um grupo de oficiais inimigos particularmente astucioso e diligente consegue burlar essa primeira linha de defesa. A patrulha envia sinais aos valentes guardas de outros pelotões, a postos em guarnições militares, pedindo ajuda. Essa infantaria faz o que pode para repelir o ataque, mas também é obrigada a pedir reforço. Logo outros guerreiros valorosos, alguns usando baionetas, entram em ação e ferem ou matam os invasores de alguma forma. Ao mesmo tempo, outras unidades, percebendo que há problema, podem já ter entrado na briga, trazendo reforços para nossas tropas.

A metáfora do campo de batalha pode ser um clichê usado na descrição das funções do sistema imunológico, mas é acurada em vários planos. Quer na linha de frente, quer dentro do corpo, o objetivo continua sendo o mesmo: matar e eliminar o inimigo. Os riscos também são os mesmos: se esse "exército" perder a guerra, as conseqüências podem muito bem ser fatais. Cada um dos componentes militares da analogia sangrenta e enlameada do campo de batalha tem sua contrapartida no sistema imunológico e obrigações semelhantes.

Inspeção das tropas

Cada parte do sistema imunológico tem as próprias funções independentes, mas todas interagem por meio de sinais químicos e nervosos numa intrincada cadeia de comando e comunicação que envolve células, enzimas, hormônios e substâncias químicas do cérebro.

Imunidade humoral: o sistema imunológico baseado nos líquidos do corpo, que utiliza a corrente sanguínea e todas as secreções dos tecidos das mucosas, é composto de anticorpos, dos quais o mais importante de todos é a imunoglobulina A (IgA). Representa o contra-ataque defensivo inicial quando um antígeno tenta invadir o organismo. É a sentinela que patrulha a área e está sempre alerta e pronta para eliminar imediatamente qualquer invasor, assim que for detectado. Com exceção de uma porcentagem ínfima de pessoas (0,02%), todos nascemos com IgA e com a chamada imunidade inata (outro tipo de defesa interna, chamada imunidade adquirida, desenvolve-se de acordo com nossas exposições individuais e únicas a vários antígenos).

Imunidade celular: os glóbulos brancos do sangue, ou leucócitos, concentrados principalmente na medula óssea e no timo, comunicam-se e erradicam esses tipos variados de guerreiro. Entre eles temos os aviões de reconhecimento, que enviam mensagens pelo rádio, os comandantes dos quartéis-generais, que notificam as sentinelas humorais e as células matadoras, que por sua vez ajudam a dar o golpe final no inimigo.

Sistema reticuloendotelial (SRE): se as sentinelas de anticorpos que fazem a patrulha não acabarem imediatamente com a invasão, essas outras sentinelas especializadas, estacionadas em pontos estratégicos situados em partes mais internas da área defensiva, acertam a mira e abrem fogo. O SRE é composto de todos os linfócitos produzidos pelos nódulos linfáticos, pelo baço e pelo Malt, além de certos glóbulos brancos do sangue (monócitos e macrófagos), fabricados na medula óssea. Esses guardas vão tentar impedir que qualquer coisa passe pelas sentinelas da linha de frente ao longo de toda a área externa.

Sistema efetor inespecífico: matadores da reserva, situados em pontos mais recônditos do território, esses glóbulos brancos, organizados em unidades chamadas monócitos, macrófagos, neutrófilos e células matadoras naturais, também atacam, expulsando os invasores da medula óssea e lançando-os na corrente sanguínea. Agem por intuição, atacando sempre que pressentem o perigo.

Complemento: essas proteínas e enzimas implacáveis, chamadas de quartéis humorais, são matadoras especializadas, armadas com o equivalente celular das baionetas. Atacam e abrem literalmente um buraco na membrana celular do invasor infeccioso, eliminando-o.

Imunidade Humoral: uma Questão Séria

Se você não sofrer uma laceração, a única forma possível de um microorganismo invadir o corpo e ameaçar sua saúde é por meio das áreas macias, permeáveis e úmidas das mucosas – os olhos, o nariz, a boca, as aberturas genitais e o reto. Primeiro ele tem de passar pela camada mais externa, que é de muco (lúmen mucoso), depois tentar penetrar no epitélio mucoso antes de entrar nas células do tecido e na corrente sanguínea. Isso coloca o sistema imunológico humoral baseado nos líquidos na linha de frente e as imunoglobulinas em papéis-chave na primeira linha de defesa do corpo.

O ônus da tarefa recai principalmente sobre a IgA, o principal jogador em campo. Embora também seja encontrada na corrente sanguínea, a IgA concentra-se realmente nos líquidos de nossos pontos mais vulneráveis: lágrimas, muco, saliva e secreções vaginais e prostáticas. Aparece também no leite materno. Sinta-se à vontade diante dessa substância imunológica de importância crucial. Vamos voltar nossa atenção para ela muitas vezes ao longo deste livro. Além de combater doenças, também impede que elas se instalem. Quando uma substância estranha é detectada, a IgA corre para o local, liga-se a ela e a impede de penetrar mais profundamente no corpo. Se o antígeno conseguir passar de alguma forma por essa primeira linha de defesa, a IgA envia sinais a outros fagócitos do sistema imunológico para que entrem em ação e literalmente devorem o intruso. Fagócito é qualquer célula que engole e decompõe por meio de enzimas um invasor (o termo *fagócito* deriva da palavra grega *fagein,* que significa "comer"). Fagocitose é o processo pelo qual as células dos outros subsistemas imunológicos consomem células estranhas ao corpo.

Existe também um quarteto de outras imunoglobulinas. Elas estão presentes em concentrações muito menores (há mais IgA que todas as outras quatro juntas) e têm obrigações limitadas, específicas. A imunoglobulina M (IgM), por exemplo, opera na corrente sanguínea e é a primeira que aparece depois da exposição ao antígeno. Ela se liga a qualquer antígeno invasor e envia sinais pedindo ajuda a outros componentes do sistema imunológico. Mas seu aparecimento é muito breve, e ela logo transfere a responsabilidade de uma proteção mais duradoura à imunoglobulina G (IgG). O principal dever da imunoglobulina E (IgE) é desencadear a produção de histamina (que resulta em defluxo nasal, espirros, chiados e respiração difícil, além de excesso de produção de lágrimas) durante uma reação alérgica. A IgE também participa da destruição de parasitas. Infelizmente, as funções da imunoglobulina D (IgD) ainda não são muito conhecidas.

Imunidade Celular: Quando a Situação se Agrava

Qual é a origem da IgA e das outras imunoglobulinas? Como se preparam para sua tarefa de proteger o organismo contra infecções? Para responder a essas perguntas, temos de sair da saliva e do muco e mergulhar nos ossos e na corrente sanguínea.

Os dois principais componentes do sistema imunológico celular, os linfócitos B e os linfócitos T (para simplificar, vamos chamá-los de células B e células C), são glóbulos brancos produzidos na medula óssea: as células B ficam lá amadurecendo antes de entrar em ação, enquanto as células T migram para o timo para desenvolver-se ali. Em geral, ambos os tipos de linfócito desempenham seus papéis na detecção de invasores mantendo uma espécie de memória institucional de todos os agressores já enfrentados e criando a capacidade do sistema imunológico tanto de se especializar quanto de se diversificar para erradicar qualquer espécie imaginável de intruso.

Células B: função de transformar e lembrar

Os linfócitos B trabalham principalmente fora das outras células do corpo na identificação de bactérias. Quando um intruso desconhecido arromba a porta, as células T auxiliares fazem soar o alarme e acordam as células B. Depois que o alarme é desligado, as células B entram rapidamente na corrente sanguínea e enviam sinais para os anticorpos IgA, IgD, IgE, IgG e IgM situados em todos os revestimentos das mucosas e no sangue. Em seguida, as imunoglobulinas ligam-se ao intruso e, quando necessário, emitem um SOS para outras tropas do sistema imunológico.

Como os elefantes, as células B nunca esquecem. Carregam dentro de si a maior parte da memória institucional do sistema imu-

As cartas do baralho

Parece que jogar *bridge* pode aumentar o número de linfócitos T. Uma apresentação feita por Marian Cleeves Diamond, da Universidade da Califórnia, em Berkeley, no encontro anual da Sociedade de Neurociência de 2000, mostrou dados extraídos de amostras de sangue tiradas antes e depois de noventa minutos de jogo de *bridge*. As participantes eram doze mulheres, todas entre 70 e 80 anos. Quatro delas revelaram pequenos aumentos da quantidade de linfócitos T – células do sistema imunológico que discriminam entre as próprias células do corpo e qualquer coisa que possa vir de fora –, enquanto oito mostraram aumentos significativos da contagem desses linfócitos.

Especula-se sobre a possibilidade de o jogo envolver funções de planejamento, memória operacional, tarefas de escolha, seqüência e iniciativa. Todas são funções da parte dorsolateral do lóbulo frontal do córtex cerebral, e algumas pesquisas sugerem que essa parte do cérebro está envolvida na função imunológica. Se isso for verdade, é provável que qualquer jogo que produza esse tipo de atividade mental também leve a resultados semelhantes. Essa pode ser uma pequena prova da correlação que encontramos em outros estudos entre inteligência e saúde. Mas também pode ser o prazer puro e simples proporcionado pelo jogo que faço o serviço – ou talvez uma combinação dessas variáveis.

nológico relacionada a problemas anteriores. Quando um antígeno é encontrado e um anticorpo específico é criado para destruí-lo, as células B arquivam a informação e sabem instintivamente o que fazer toda vez que aquele intruso específico ousar cruzar a fronteira. Em contraposição à imunidade inata, que é genérica e com a qual todos entramos no mundo, essa especialização é conhecida como imunidade adquirida. Todos nós adquirimos nossos arsenais imunológicos exclusivos, o que vai depender dos diferentes enfrentamentos de cada um com o mundo inimigo. O conceito da vacinação contra doenças baseia-se na introdução deliberada de uma quantidade "inócua" de determinado patógeno para que as células B possam reagir, aprender e lembrar como produzir anticorpos suficientemente eficazes para combatê-lo. Agradeça às células B e à imunidade adquirida pelo sucesso da vacina contra a pólio de Jonas Salk e por todas as demais vacinas existentes.

Células T: função de ajudar e matar

Trabalhando principalmente dentro das outras células, os linfócitos T são encarregados da discriminação entre as próprias células do corpo e qualquer coisa que possa vir de fora. Identificam também a presença de um vírus e percebem qualquer mudança na forma de nossas células que possa indicar o aparecimento de um câncer. Dois tipos básicos desses linfócitos se desenvolvem durante o estágio de maturação na glândula timo: as células T citotóxicas, que são matadoras encarregadas exclusivamente da realização da fagocitose, e as células T auxiliares, que levam os fagócitos até os pontos de infecção e provocam inflamação (é disso que deriva o inchaço em torno de um corte, por exemplo). Essas células T também são responsáveis pelo alarme transmitido aos linfócitos B para que entrem na briga e acabem com o invasor.

Durante o processo de maturação, tanto os linfócitos B quanto os T são inspecionados duas vezes por outras células para garantir uma atuação eficaz deles e boas condições de distinguir corretamente as próprias células do corpo de qualquer outra matéria estranha. No caso das células T, esse estágio de inspeção é particularmente crucial. Qualquer deslize que permita a entrada de células T anormais nas tropas significa problema sério – qual seja, uma doença auto-imune. As células T que ignoram a diferença entre um invasor e as células naturais do corpo podem arrasar a saúde.

Essas células T que passam pela inspeção inicial tornam-se parte de nossos genes ligando-se a um segmento de DNA chamado complexo de histocompatibilidade principal (CHP). Com mais de 100 subclasses e permutações, depois se tornam partes permanentes de todas as nossas células, ou especialistas do sistema imunológico. As duas coisas mais importantes a lembrar são as células T CD4 e as células T CD8. As células CD4 são linfócitos T auxiliares que promovem a inflamação e as células CD8 são linfócitos T citotóxicos que matam e às vezes limitam e suprimem a atividade do sistema imunológico.

O RESto da história

Tanto os monócitos quanto os macrófagos que constituem o sistema reticuloendotelial – SRE (ou RES em inglês) – são gerados no sistema linfático e na medula óssea. Sempre que há uma infecção, os monócitos são produzidos em grande número e se transformam em macrófagos, que circulam por todo o corpo à procura de alguma coisa para destruir. O nome dessas tropas de patrulha significa "grandes devoradores". Eles engolem e consomem literalmente os antígenos. Outros glóbulos brancos especializados nessa atividade devoradora fazem parte do sistema efetor inespecífico, que, além dos monócitos e macrófagos, abrange os neutrófilos e as células NK *(natural killers,* ou matadoras naturais). Estão sempre em missões contínuas e ininterruptas de busca e destruição por todo o corpo. Para completar nossas forças armadas internas, temos as proteínas da linfa do complemento. Essas assassinas ferozes e implacáveis prendem-se aos antígenos e liberam enzimas que abrem buracos fatais nas membranas celulares dos invasores. As proteínas do complemento também denunciam os antígenos aos fagócitos, principalmente quando a IgA está envolvida.

Citocinas: como a Mente Pratica a Medicina

A coreografia necessária a essa dança contra a doença é impressionante. Proteínas, enzimas, hormônios, neurotransmissores cerebrais e outras células comunicam-se por meio de uma sofisticada rede química e nervosa. A bem da verdade, as mudanças químicas que ocorrem quando estamos doentes são os mesmos movimentos químicos que têm lugar quando estamos estressados, deprimidos ou em qualquer outro estado emocional negativo. Essa é a base de nossa premissa de que o estado de espírito, a disposição, as condições mentais e o grau de prazer que uma pessoa tem na vida exercem impacto profundo sobre a capacidade de manter a saúde.

Os grandes facilitadores, isto é, as principais moléculas que ativam, desativam e regulam de alguma forma a atividade imunológica, são chamados de citocinas. Esses hormônios polipeptídios, como são chamados, têm muitas variedades: interferon, fator de crescimento transformacional (TGF, sigla derivada do termo inglês *transformational growth factor*), cerca de dezoito interleucinas diferentes e vários tipos de fator de necrose tumoral (FNT). Sempre que um patógeno ou outro agente agressivo ataca, as citocinas entram em cena para desencadear a atividade do sistema imunológico, promover inflamação e iniciar a "resposta de fase aguda" da doença. As chamadas citocinas pró-inflamatórias (entre as quais temos a interleucina-1, a interleucina-6 e o FNT) são particularmente importantes devido à presença proeminente na doença e em outros distúrbios. A interleucina-1, por exemplo, ajuda a criar as reações de febre e está envolvida na liberação da prostaglandina E2, que contribui para o controle da dor. Regula também a atividade da parte hipotalâmica do cérebro, que governa uma miríade de funções biológicas e psicológicas.

A interleucina-6, outra citocina pró-inflamatória, desempenha papéis-chave por fazer com que as células B se ponham a trabalhar gerando anticorpos e por ajudar a tornar a interleucina-1 muito mais potente no cumprimento de seus vários deveres. Atua também quando ficamos doentes, quando estamos sob muita tensão ou deprimidos. Outro fator é a interleucina-2, que, com a interleucina-1 e a interleucina-6, não só aparece nas pessoas portadoras de algum tipo de

Resfriado ou chateado?

Quer você esteja deprimido e seriamente estressado, quer esteja apenas doente de verdade, os efeitos disso sobre seu organismo e sua reação são basicamente os mesmos. Indicamos abaixo os vários sintomas que seu corpo apresenta quando você está mal ou de cama com resfriado. Muitos deles são os mesmos que também aparecem quando você está deprimido ou sob considerável tensão:

- Febre
- Aumento de ondas lentas (sem movimentos rápidos dos olhos) durante o sono
- Alterações no ferro do plasma
- Quantidades maiores de glóbulos brancos
- Menos sede
- Menos apetite
- Maior sensibilidade à dor
- Redução da atividade
- Exploração reduzida (atividade induzida pela curiosidade)
- Menos agressividade
- Redução do desejo sexual
- Menor interesse e prazer nas atividades
- Depressão
- Perda de atenção
- Problemas de memória
- Liberação de hormônio do estresse

infecção mas também nos esquizofrênicos (veja a seção "As 'novas' doenças infecciosas", neste capítulo). O FNT contribui para gerar uma reação de febre e aumenta a secreção das catecolaminas associadas ao estresse. É interessante observar que a presença do FNT também está relacionada à memória e à atenção.

Doença e disposição

Note a correlação entre a presença de citocinas e o estado emocional. As citocinas não aparecem somente quando estamos fisicamente doentes, mas também quando não estamos bem emocionalmente.

Esse fato simples é o fundamento da relação imunidade-prazer e de grande parte da medicina mente-corpo.

Devido à ação das citocinas pró-inflamatórias, os sintomas de um resfriado forte e da depressão são semelhantes (veja o quadro "Resfriado ou chateado?"). Isso significa que, tanto na presença de um patógeno quanto diante de grande tensão emocional, o corpo reage praticamente da mesma maneira. Isso não só quer dizer que o estresse pode fazer você adoecer mas também que, através das citocinas e dos patógenos, seu sistema imunológico pode deixá-lo muito tenso e afetá-lo psicologicamente.

Entenda que as citocinas, por si sós, não são perniciosas, pelo contrário: desencadeiam a atividade imunológica e coordenam o jogo de cena quando você está fisicamente doente. Mas se tornam problemáticas quando produzidas em excesso, tipicamente por causa de um defeito do sistema imunológico provocado por estresse e tensão emocional.

Considere por enquanto a forma pela qual o estresse aumenta a capacidade dos patógenos de derrotar nossas defesas. Os hormônios do estresse, por exemplo, alteram tanto o número quanto a distribuição de várias células imunológicas, diminuindo a resistência do organismo à infecção. As drogas que suprimem os hormônios do estresse podem fortalecer o sistema imunológico. O estresse altera a permeabilidade do revestimento das mucosas, o que facilita a entrada de patógenos no corpo, na corrente sanguínea e no cérebro.

Uma coisa é dizer que você pode julgar-se doente e fazer outros pressupostos a respeito das influências psicológicas sobre a saúde. Outra bem diferente é conseguir comprovar, graças ao advento da psiconeuroimunologia, a base psicológica desses pressupostos. Por que o estresse e os patógenos levam o corpo a reagir de formas quase idênticas? Qual é o denominador comum? Em resumo, da perspectiva do sistema imunológico, o denominador comum é uma ameaça à saúde e à sobrevivência. Desde os primórdios da humanidade, a maior ameaça à sobrevivência têm sido os microorganismos. É por isso que se formou o sistema imunológico, e a resposta ao estresse pode ter surgido desse mecanismo físico de sobrevivência. Diante de uma situação extrema de vida ou morte, não é de surpreender que o sistema imunológico entre em cena.

A Falência Interna

De posse desse entendimento básico das funções do sistema imunológico, vamos tratar agora do que acontece quando ele não consegue nos manter saudáveis. A enfermidade e a doença ocorrem por duas razões: o sistema imunológico está fraco demais, danificado por algum motivo, ou a força e o simples número de certos patógenos o derrotam. A fraqueza e o dano podem decorrer tanto de fatores físicos quanto psicológicos ou de uma combinação dos dois. Uma reação irresistível, por outro lado, também pode ser conseqüência de uma combinação de questões físicas e psicológicas.

Uma discussão das doenças que o sistema imunológico precisa enfrentar não teria fim. Aqui estão algumas categorias particularmente suscetíveis a fatores como o estresse e a presença (ou ausência) de prazer.

Doenças auto-imunes: o inimigo interno

"Descobrimos quem é o inimigo: nós mesmos", disse o imortal Walt Kelly em seus quadrinhos de corrosiva paródia política intitulados *Pogo*. Essa frase resume com perfeição o que acontece no interior do corpo das pessoas portadoras de uma doença auto-imune, como artrite reumatóide, lupus, esclerose múltipla, psoríase e colite ulcerativa.

Se você tem uma doença auto-imune, tem também um sistema imunológico defeituoso que "vê" certas células do próprio corpo como invasores externos que precisam ser erradicados. Quase todos os órgãos ou sistemas do organismo podem ser afetados por esse tiroteio cheio de boas intenções. Na esclerose múltipla, por exemplo, o sistema imuno-

Conheça o inimigo

De que forma o sistema imunológico nos protege? Substâncias que destroem células ou provocam câncer são uma das categorias às quais nossa guarda interna dedica uma parte considerável de seus recursos. Além de alguns invasores transviados que não são fáceis de classificar, os outros principais patógenos causadores de doenças são bactérias, vírus, fungos e parasitos. Bactérias e vírus constituem as ameaças mais comuns.

Bactérias. Esses organismos unicelulares são as menores entre todas as criaturas capazes de alimentar-se, desenvolver-se e reproduzir-se sozinhas. O sistema imunológico geralmente é muito competente na caça e na destruição de bactérias. Mas, em certos casos (como na pneumonia e na peste bubônica, para citar dois bons exemplos), a enorme quantidade detectada e a velocidade de sua reprodução ocupam inteiramente o sistema imunológico. Embora tenham sido doenças fatais no passado, o advento da sulfa e dos antibióticos, pouco antes da metade do século XX, eliminou, na maior parte, a possibilidade de morte causada por esses organismos. Caso você venha a ter essas doenças, provavelmente não vai morrer por causa delas.

Vírus. Diferem muito das bactérias. São moléculas complexas encontradas em todas as células do corpo, no DNA ou no RNA, e não têm vida própria. Só são capazes de sobreviver e multiplicar-se invadindo e infectando células do hospedeiro. Remédios e vacinas foram criados para ajudar a combater certos vírus, principalmente alguns dos mais debilitantes, mas o sistema imunológico geralmente faz um bom trabalho para nos proteger desses invasores.

Fungos. Mofo, levedura e outras formas de vida dessa categoria não costumam causar grandes transtornos imunológicos nem outros problemas de saúde. É verdade que as infecções por levedura podem ser irritantes e desagradáveis, mas é raro que se tornem graves.

Parasitos. Esses organismos dependem de outro ser vivo para sua sobrevivência, quase sempre com prejuízo do hospedeiro. Hoje em dia, facilmente nos infectamos com parasitos através de comida mal preparada.

lógico acha que o revestimento protetor de seus nervos é um invasor do mundo externo. Na artrite reumatóide, ele acha que a cartilagem de suas juntas é o bandido. O mal de Addison, a doença de Graves, a miastenia grave, a anemia perniciosa, a febre reumática, a esclerodermia, o diabetes do tipo 1 – todos são distúrbios auto-imunes.

Ninguém sabe com precisão por que existem distúrbios auto-imunes, por que a presença de células que ocorrem naturalmente leva o sistema imunológico a atacá-las nem por que esse sistema não consegue distinguir as células corporais desejáveis, necessárias e indispensáveis das células invasoras indesejáveis e deletérias. Algo está terrivelmente errado no "código do próprio corpo", um agrupamento único de antígenos chamado grupo A de leucócitos humanos (HLA), presente em quase todas as células e determinado pelo complexo de histocompatibilidade principal (CHP), cuja tarefa é transportar todas as coisas que não deveriam estar onde estão (que não fazem parte dos componentes naturais) para a superfície celular a fim de serem identificadas e erradicadas por nossos exércitos imunológicos. Em um distúrbio auto-imune, as células imunológicas, principalmente os linfócitos T do CHP, não conseguem distinguir as células invasoras e se ligam, ao invés, a células naturais do organismo, desencadeando uma reação imunológica que ataca as próprias células. O defeito pode surgir de diversas formas:

◆ Várias bactérias e vírus "astutos" conseguem fazer-se passar por certas células naturais do corpo, evitando a detecção imediata e instalando-se no organismo. Mas o embuste não dura muito: o sistema imunológico vai acabar percebendo o engano. No entanto, em seu empenho de erradicar os invasores e não ser enganado de novo, ele ataca agressiva e indiscriminadamente os antígenos trapaceiros e qualquer outra coisa que seja semelhante, inclusive as próprias células naturais.

◆ Algumas substâncias químicas ou a exposição à radiação podem dar início a distúrbios auto-imunes, que alteram células naturais do corpo e fazem com que pareçam estranhas ou alteram as células imunológicas de tal forma que elas começam a produzir anticorpos contra as células naturais do organismo.

◆ Em outros casos, certas lesões desencadeiam a reação destrutiva. Por razões que não compreendemos bem, algumas partes do corpo, principalmente os olhos, os testículos e o coração, não são protegidas diretamente pela IgA, pelas células B e T nem pelo resto de nossas tropas de defesa. As células imunológicas estão em volta de todos esses órgãos, mas nenhuma delas existe em seu interior. Quando há, portanto, uma lesão física direta num desses pontos, as células imunológicas reagem imediatamente, mas não conseguem distinguir entre as células alienígenas e aquelas que são naturais ao corpo. Na incerteza, começam a matar indiscriminadamente. Em outras palavras: se você furar o olho com um lápis, for esfaqueado no coração ou sofrer uma ruptura de testículo, seu sistema imunológico pode lhe causar grandes problemas.

◆ A natureza não foi inteiramente descuidada: criou dentro de nós as células T supressoras para ajudar a controlar a destruição caso alguma coisa não dê certo na função imunológica. Embora seja em geral eficaz, esse mecanismo de segurança também está sujeito ao aparecimento de defeitos.

Aids: o drible na imunidade

O vírus mais astuto e hábil dentre todos os que conhecemos é o da imunodeficiência humana (HIV), que provoca a síndrome da imunodeficiência adquirida (Aids). Em vez de atacar um órgão, um nervo ou outra parte qualquer do corpo, seu alvo específico é o sistema imunológico, principalmente as células T CD4 auxiliares e inflamatórias. O vírus instala-se de forma incrivelmente engenhosa e mesmo assim absolutamente simples, que, por estranho que pareça, engana o sistema imunológico. Depois de entrar numa célula CD4, um de seus truques é girar e virar-se de lado, por assim dizer. Esse pequeno ardil é o suficiente para deixá-lo invisível a nossas vastas forças armadas internas e o bastante para levar o sistema imunológico a achar que a célula não está contaminada. Não sendo detectado, o vírus reproduz-se e dissemina-se em formas absurdamente mutantes por todo o sistema imunológico. Os remédios e componentes imunológicos capazes de contrapor-se a uma variedade finalmente detectada do vírus logo deixam de ter condições de eliminar a variedade seguinte, que já sofreu mutação. Ao mesmo tempo, como a vítima é o próprio sistema imunológico do corpo, seus mecanismos de defesa falham, dando a bactérias, vírus e outras infecções oportunistas um novo potencial letal.

Ao criar anticorpos e linfócitos T citotóxicos para matar células infectadas, um sistema imunológico saudável que funcione a todo o vapor pode, na verdade, constituir boa defesa contra o HIV durante anos. Continue lendo para descobrir o que fazer para melhorar seu estado emocional geral e dar a si mesmo mais chances de resistir à doença enquanto os pesquisadores fazem de tudo para chegar à cura.

Câncer: quando o natural passa a ser antinatural

Quando surgem células anormais no corpo que desfiguram outras células ao se reproduzir e disseminar, o resultado é o câncer. Metade de todos os homens e um terço de todas as mulheres, segundo algumas estimativas, têm probabilidade de desenvolver alguma forma de

Um teste de competência

Como é calculada a vitalidade imunológica? Os laboratórios podem realizar facilmente um grande número de exames. Alguns são quantitativos e levam em conta números, quantidades ou porcentagens de certas substâncias ou células. Outros são funcionais e julgam a capacidade de realizar determinada tarefa ligada ao sistema imunológico.

Nos exames quantitativos, geralmente mais é melhor. Quanto mais imunoglobulinas A (IgA) houver numa amostra de saliva, por exemplo, tanto melhor o sistema imunológico estará funcionando. O mesmo se pode dizer de contagens elevadas de linfócitos B, linfócitos T, células NK ou neutrófilos numa amostra de sangue. No caso dos exames funcionais, um deles, uma abordagem diferente da mensuração dos componentes do sangue, envolve a incubação de células NK com células tumorais e a observação do número de células cancerosas destruídas. Quanto maior o número tanto mais vigoroso será esse aspecto da imunidade. Em outra prática, os linfócitos, em geral células T, são expostos a mitógenos como o mitógeno da erva-dos-cancros, a concanavalina A ou a fitoemaglutinina. Quanto melhor os linfócitos se dividirem e se reproduzirem *(proliferar* é o termo técnico) tanto mais eficaz será a imunidade celular.

Alguns outros exames não usam amostras de sangue nem de saliva. No exame chamado de hipersensibilidade retardada, um antígeno é injetado sob a pele e a inflamação resultante é medida para descobrir a magnitude da reação imunológica. Quanto maior for a inflamação observada tanto melhor será a condição do sistema imunológico porque está sendo aferido o número de células T inflamatórias que chegam ao local para produzir uma reação de imunidade celular. Da mesma forma, pode-se inocular um antígeno cuja produção de anticorpos seja medida. E, também nesse exame de imunidade humoral, quanto mais anticorpos, melhor.

Uma forma indireta de ter idéia do vigor do sistema imunológico é avaliar a produção de anticorpos destinados a enfrentar um vírus latente. O vírus do herpes é um bom exemplo. Depois que somos expostos – e esse é um vírus comum, não necessariamente transmitido por relações sexuais, que quase todos nós já enfrentamos –, ele permanece no corpo para sempre, manifestando-se, algumas vezes, quando o sistema imunológico está debilitado ou durante períodos estressantes (o que não é surpresa). Quando o vírus se torna ativo e prolifera, o corpo produz anticorpos para combatê-lo. Quanto maior o número de anticorpos presentes tanto mais o vírus se revela ameaçador e danoso.

câncer em determinado momento da vida. Ele pode atingir praticamente qualquer parte do corpo, assumir inúmeras formas e evoluir de variadas maneiras. Os erros cometidos na reprodução normal podem causar mutação numa célula e dar início a um tumor maligno. A exposição a radiações, a vírus e a um grande número de substâncias químicas também pode ter o mesmo resultado. Às vezes o sistema imunológico consegue lutar contra a disseminação virulenta, às vezes é vencido pela velocidade e pela determinação inabalável das células anormais. O estresse e certas características emocionais podem exercer influência profunda sobre a capacidade do sistema imunológico de combater a doença.

As "Novas" Doenças Infecciosas

Úlceras, ataques cardíacos, depressão, autismo e esquizofrenia não são exatamente problemas de saúde recentes. A novidade é a evidência crescente de que podem surgir na presença de certos patógenos ou devido à debilidade do sistema imunológico.

É preciso andar com cuidado nesse terreno. Se, por exemplo, um gato preto cruza seu caminho e logo depois você é atropelado por um caminhão, isso não quer dizer necessariamente que o aparecimento do gato tenha causado o acidente. Tampouco significa que você pode prever um desastre futuro. Talvez seja mera coincidência. Em termos mais abstratos: mesmo que X e Y ocorram freqüente e simultaneamente, não se pode concluir que um origine o outro. Assim, X pode causar Y, Y pode causar X, mas Z ou outro fator desconhecido pode causar ambos. O máximo a dizer é que a presença de X antecipa, em certo grau, a presença de Y e vice-versa. Os cientistas chamam essa conexão de correlação positiva.

Dessa forma, um ataque cardíaco é resultado de uma infecção? Alguns pesquisadores dos Estados Unidos e da Finlândia descobriram quantidades desproporcionais de um híbrido estranho de bactéria-vírus chamado *Chlamydia pneumoniae* nas artérias que circundam o coração de pessoas que tiveram entupimento das coronárias. Outros pesquisadores não encontraram nenhuma concentração expressiva, de modo que o júri científico ainda está indeciso. Se acabarmos descobrindo que a conexão infecciosa é verdadeira, continua de pé a possibilidade de que o sistema imunológico saudável de uma pessoa alegre e pouco exposta ao estresse esteja mais bem equipado para combater todas essas bactérias virais, prevenindo assim um ataque cardíaco.

E o que dizer das úlceras? Nesse campo a ciência tem muito mais certezas, sabe que a presença da bactéria *Helicobacter pylori* pode ser a responsável por esses danos do trato gastrintestinal. Mas as coisas não são simples assim. Cerca de dois terços das pessoas abrigam essas bactérias no corpo, mas, curiosamente, dois terços delas não têm e não terão úlceras. O que torna as pessoas vulneráveis à atividade corrosiva do bichinho? O suspeito revela-se o mesmo que sempre se pensou ser o causador de úlceras: o estresse. Acredita-se que ele debilita o sistema imunológico de forma tal que permite à bactéria causar tais danos.

O autismo é uma disfunção imunológica? A medicina já considerou o problema de origem inteiramente psicológica, mas essa hipótese foi deixada de lado. Agora a ciência supõe que a genética desempenha certo papel na questão, mas essa não pode ser a única causa porque esse distúrbio comportamental e psicossocial atingiu proporções quase epidêmicas nos Estados Unidos. Sua incidência aumentou vertiginosamente na última década, passando de um caso em cada grupo de 10 mil pessoas para um caso em cada grupo de 150 pessoas, segundo estimativas publicadas em 2000 por no mínimo um estudo.

Outras hipóteses se concentraram na incapacidade do corpo de processar certos nutrientes e na exposição a algumas substâncias ambientais, e há evidências que implicam o sistema imunológico tanto direta quanto indiretamente. Alguns pesquisadores encontraram reduções significativas de IgA e de proteínas e enzimas da linfa do complemento em pessoas com autismo. Outros cientistas detectaram a presença de microorganismos no cérebro que causam dano aos nervos em razão de falências imunológicas ainda desconhecidas. Há ainda um trabalho que envolve uma combinação da atividade do sistema imunológico e de formas de depressão, assim como os desequilíbrios químicos do cérebro causados por elas.

Quanto à esquizofrenia, a evidência sugere que as aberrações do pensamento derivam da incapacidade do corpo de regular devidamente a dopamina química do cérebro. A presença de citocinas (interleucina-1, interleucina-2 e interleucina-6) influencia diretamente a quantidade de dopamina existente no cérebro. Pessoas portadoras de esquizofrenia costumam revelar concentrações elevadas dessas substâncias, e quantidades maiores têm sido associadas ao agravamento dos sintomas da doença e a um prognóstico pior. Na verdade, um estudo comprovou que a administração de doses elevadas de interleucina-2 produz vários sintomas da doença em pessoas emocionalmente saudáveis.

Pode haver também ligação entre imunidade e obesidade. No verão de 2000, por exemplo, cientistas da Universidade de Wisconsin, nos Estados Unidos, publicaram um estudo que demonstrou que o adenovírus 36 (um vírus humano comum causador de resfriados, diarréia ou conjuntivite aguda) torna galinhas e ratos obesos. O peso dos animais infectados não era tão maior assim, mas seu corpo continha mais que o dobro da gordura presente nos congêneres não infectados. Até 30% das pessoas que estão acima do peso, segundo pesquisa semelhante, têm o vírus – em comparação com apenas 5% de indivíduos mais magros.

Há quem sugira que a própria obesidade cause os problemas de saúde ligados ao excesso de peso. Será que há possibilidade de o culpado ser um vírus? Será que o culpado das mudanças fisiológicas relacionadas ao estresse incentiva o corpo a engordar? Será que o estresse, que reduz a atividade do sistema imunológico, pode ser gerado pelo desejo de ser mais magro? Ninguém sabe, mas a evidência que sugere ser a obesidade uma combinação de vários desses fatores é bem convincente.

Acabamos de comentar apenas alguns dos problemas que poderiam ser classificados como doenças infecciosas. Uma pesquisa preliminar, por exemplo, sugere uma possível capacidade do sistema imunológico de eliminar o acúmulo de placa neural do cérebro de pessoas portadoras do mal de Alzheimer. A ciência tem constantemente descoberto evidências da atuação do sistema imunológico, que denota formas de agir mais variadas do que jamais se poderia supor – e nos aspectos e pontos mais improváveis. Diante da importância crescente que ele demonstra ter para nossa saúde, precisamos enfatizar toda e qualquer atividade que lhe garanta o melhor desempenho possível.

Ligue-se...
...a uma imunidade maior

O fundamento de todo este livro parte da premissa de que o prazer e a redução do estresse aumentam a capacidade do sistema imunológico de neutralizar e acabar com as doenças. Cada segundo de sua vida envolve a luta entre a saúde e os antígenos que querem vencer você. Quanto mais forte for seu sistema imunológico tanto mais bem equipado você estará para a batalha. Independentemente do prazer, o que mais poderia fazer para melhorar seu sistema imunológico e manter as tropas em alerta? Várias idéias vêm à mente:

Prefira um médico que entenda o lado psicológico das doenças. É óbvio que o sistema imunológico está envolvido em quase tudo o que pode levá-lo a procurar seu médico. Mas bem menos evidente é o fato de que seu sistema imunológico é consideravelmente influenciado pelo médico antes mesmo que ele receite um remédio ou realize algum procedimento terapêutico. Os médicos podem aumentar seu estresse ou ajudar a aliviá-lo e podem também reforçar seu senso de identidade. Você precisa de um médico que lide muito bem com as pessoas e tenha grande compreensão das complexidades, tanto físicas quanto psicológicas, envolvidas na manutenção e na restauração da saúde.

Observe (e lave) as mãos. Os microorganismos que causam doenças estão em toda parte. Lave as mãos freqüentemente com muita água quente e muito sabão. Mas só use o sabão bactericida de vez em quando para que esses bichinhos não desenvolvam imunidade contra ele. Mantenha as mãos e os dedos, mesmo que estejam escrupulosamente limpos, longe da boca, dos olhos e do nariz, os três pontos de entrada providos de mucosas preferidos dos antígenos.

Coma primeiro com os olhos. A ciência sabe que nutrição e dieta podem ter impacto enorme sobre a saúde do sistema imunológico. Além da bioquímica, há o fator prazer: poucas coisas são mais deliciosas para os sentidos – do aroma e do sabor até a simples aparência do prato, o que nos faz ficar com água na boca – do que uma refeição maravilhosa e abundante.

Visite a terra dos sonhos. O sono ajuda a restaurar e a renovar a capacidade imunológica. Sempre que possível, permita a si mesmo sete ou oito horas de bom repouso.

Capítulo 2

Está tudo na cabeça

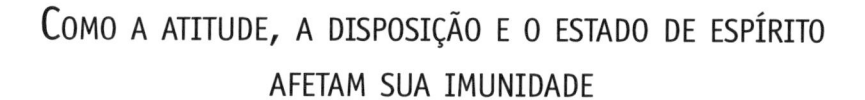

COMO A ATITUDE, A DISPOSIÇÃO E O ESTADO DE ESPÍRITO AFETAM SUA IMUNIDADE

Não fiquei com raiva. Só desenvolvi um tumor.
Woody Allen, roteirista, ator e diretor de cinema

Já faz algum tempo que você não sente vontade de comer. Na verdade, perdeu um pouco de peso. Não tem saído para se encontrar com os amigos. Não quer ver nem a família. Não se deu ao trabalho de tomar banho nem de pentear os cabelos nos últimos dias. Não tem vontade de fazer nada – mesmo que seja divertido. Por quê? Bem, você está cansado. Não tem dormido bem e passou a noite sem pregar o olho. Na maior parte do tempo, você está se sentindo um horror.

Qual é o diagnóstico? Se for ao médico e apresentar a lista desses sintomas, ele provavelmente dirá que você pegou um resfriado ou talvez uma gripe. Se for a um psicólogo, ele certamente vai afirmar que você está com depressão.

Se você nos procurasse, diríamos que tanto pode ser uma coisa quanto outra – ou ambas. Se perguntasse a seu corpo, ele provavelmente lhe diria que isso não tem importância, assim como no caso do estresse (veja mais informações sobre esse malfeitor no próximo capítulo), pois o resultado é o mesmo: quer você tenha sido atacado por um microorganismo, quer pela tristeza, as reações de seu sistema imunológico são estranhamente parecidas.

Essa rua tem duas mãos. Claro, você pode estar deprimido (ou com raiva, pessimista ou ainda se sentindo desamparado) por causa da doença, mas também pode estar doente por causa da depressão (ou com raiva, pessimista ou ainda se sentindo desamparado).

A Medicina do Estado Emocional

Disposição, atitude, estado emocional e certos traços de personalidade exercem influência enorme sobre a saúde imunológica e, por conseguinte, sobre a evolução das doenças. Se você for otimista ou pessimista, se lidar bem ou não com a raiva e a negatividade, se estiver abatido e desanimado, se tiver controle ou não sobre sua vida – além de outras características de sua constituição emocional –, todos esses fatores ajudam a prever sua tendência às doenças e ao grau que elas terão.

- ◆ Os otimistas vivem mais que os pessimistas.
- ◆ As pessoas deprimidas adoecem mais que as pessoas alegres.
- ◆ As pessoas que sofrem de artrite reumatóide e receberam tratamento psicológico mostraram menor incidência de inflamações locais.
- ◆ Quanto menos você for capaz de apreciar e curtir atividades prazerosas tanto maior será a probabilidade de entrar em depressão e, por conseguinte, de ter problemas de saúde.

Você nem precisa ser um cínico empedernido nem uma pessoa irremediavelmente deprimida. Suas flutuações de humor, dia após dia e hora após hora, também exercem influência sobre o vigor imunológico e sobre as possibilidades de cair doente. Você pode ser uma pessoa que geralmente está despreocupada, alegre e bem ajustada, mas se ficar com raiva, irritado ou negativo apenas alguns minutinhos antes de se apoiar no corrimão da escada, onde há um vírus de gripe, é muito mais provável que se resfrie do que se estivesse satisfeito da vida e sem sombra de hostilidade ao entrar em contato com o bichinho. Você também pode ficar doente por mais tempo e sentir-se pior do que o mínimo necessário por estar tão mal-humorado.

Já se sentiu numa pior?

A idéia de que a tristeza e as emoções negativas favorecem o desenvolvimento de doenças já foi mais aceita do que você imagina – e não é nenhuma novidade. Já no século II, o antigo e célebre médico romano Galeno notou que as mulheres "melancólicas" tinham mais probabilidade de desenvolver câncer de mama.

No século XVIII, a literatura médica estava repleta de afirmações semelhantes sobre o estado de espírito e a saúde, principalmente em relação ao câncer. O famoso cirurgião Richard Guy, por exemplo, escreveu, em 1759, que as mulheres portadoras de câncer tendem a ser "sedentárias, com uma disposição de espírito melancólica". Outro médico do século XVIII, Gendton, descreveu o caso de uma mulher que vivia em perfeita saúde até que a filha morreu. Depois disso, "passou por grande aflição" e acabou notando um inchaço no seio que "revelou ser um câncer profundamente arraigado".

As observações continuaram no século XIX. Em 1870, o médico James Paget descreveu a chamada constituição cancerígena, uma condição em que "ansiedade profunda, esperanças malogradas e decepção costumam ser seguidas do surgimento e do aumento do câncer". Outro médico do século XIX, Walshe, escreveu a respeito da "influência da infelicidade mental, de reviravoltas do destino e do abatimento constante do espírito sobre a natureza da matéria carcinomatosa".

No início da década de 1890, informações de caráter mais científico começaram a suplantar as observações anedóticas. Herbert Snow, médico do Hospital do Câncer de Londres, realizou o primeiro estudo de base estatística sobre essa doença e a constituição psicológica. Depois de analisar dados sobre 250 mulheres portadoras de câncer de mama e útero, concluiu que "o número de casos em que a doença maligna da mama e do útero se segue a emoções imediatamente antecedentes de caráter depressivo é grande demais para ser atribuído ao acaso".

Durante o início e em meados do século XX, referências semelhantes foram feitas sobre as relações entre estado de espírito e doença. A partir dos anos 1950, a medicina adquiriu cada vez mais conhecimento da fisiologia, e a conseqüência foi a redução gradativa da ênfase antes dada à mente. Quanto mais os especialistas sabiam a respeito das funções do corpo tanto menos se preocupavam com a forma pela qual a mente pode afetar o organismo. Agora a medicina está dando um passo atrás para observar o quadro inteiro pelo prisma da psiconeuroimunologia.

Otimismo *versus* Pessimismo: Meio Cheio ou Meio Vazio?

Você conhece Bob – ou alguém parecido com ele. É o sujeito mais otimista do mundo. Bob pode estar falido, sozinho e sem nenhuma perspectiva de melhoria. Sua casa pode estar pegando fogo, mas ele vê o incêndio como uma oportunidade perfeita de sair para fazer uma caminhada na chuva. Nada parece jogar esse cara no chão. Ele está convencido de que sua sorte vai mudar a qualquer momento. Parece que também nunca fica doente.

Você também conhece Ellen: simpática, doce, generosa – e a pessoa mais apocalíptica e pessimista que já viu na vida. É o oposto de Bob. Mesmo quando tudo parece maravilhoso, Ellen continua convencida de que a desgraça está à espreita. Tem certeza de que as coisas boas são a forma que a natureza encontrou para fazê-la baixar a guarda e permitir que o desastre se abata sobre ela. É tão negativa que seu médico lhe receitou Prozac (cloridrato de fluotraceno). Ellen também parece ter algum tipo de problema de saúde todo dia. Há dois dias, era dor de barriga. Ontem foi uma dor de cabeça. Você pode apostar que ela também não se sentirá bem amanhã.

O copo de imunoglobulina A (IgA) de Ellen, aquele anticorpo que fortalece o sistema imunológico, está meio vazio, e seu conteúdo se esgota rapidamente, mas o copo de IgA de Bob está pelo menos meio cheio e talvez se complete até a borda.

Por quê? Porque a disposição e a maneira de encarar a vida influenciam o sistema imunológico e a saúde de maneiras tais que um médico comum jamais imaginaria. Se você for pessimista a respeito do destino que vida lhe reservou, diz a ciência, poderá criar, com essa postura, uma profecia que se cumpre por ter sido mentalizada e que leva à doença.

Estamos de volta à rua de duas mãos. Sim, se você for bem-sucedido, bonito, saudável e feliz, é provável que tenha uma visão otimista da vida. Mas esses fatores não são pré-requisitos de uma visão de mundo positiva que o leve a pensar que tudo vai dar certo para você. Por mais terrível que sua sorte se revele, o simples fato de ser otimista gera sucesso, saúde e felicidade. Em outras palavras: ser otimista ou pessimista não reflete apenas seu grau de saúde e sucesso em determinado momento. É, na verdade, uma previsão de saúde e sucesso no futuro em todos os aspectos de sua vida – a forma como você se sai na escola, a soma de dinheiro que pode ganhar, o grau de estabilidade de suas relações afetivas. Quanto mais a ciência investigar tanto maior será a segurança com que poderemos dizer que a disposição de espírito determina a saúde.

A escalada (ou queda) da montanha do otimismo

Seu copo está meio vazio ou meio cheio? Você consegue ver o lado bom das coisas ou só o lado difícil? Aqui está uma forma rápida de descobrir sua tendência.

Procure lembrar-se do evento negativo mais recente de sua vida e pergunte-se por que ele ocorreu. Se você atribuir o evento negativo à própria burrice ou à nuvem negra que parece estar sempre flutuando sobre sua cabeça, sua inclinação é para o lado pessimista da vida. Se atribuir qualquer evento positivo a um golpe de sorte que provavelmente nunca mais acontecerá, também está mostrando uma natureza pessimista.

Os psicólogos têm um modo mais complexo de determinar o ponto em que uma pessoa se encontra na escala otimismo/pessimismo. Chama-se estilo explanatório. Como definiu Martin Seligman, Ph.D., da Universidade da Pensilvânia, nos Estados Unidos, o pioneiro desse campo, o estilo explanatório é nossa forma particular de definir e interpretar o que nos acontece, ou seja, como entendemos, avaliamos e percebemos o mundo. É composto de três decisões específicas que tomamos a respeito de tudo quanto nos ocorre:

- ◆ O incidente é culpa sua ou é culpa de outros? Se você culpa a si mesmo, tem orientação interna; se culpa os outros, tem orientação externa.
- ◆ A causa é temporária ou vai prolongar-se por muito tempo? Se você vê as repercussões como temporárias, os psicólogos dizem que sua dimensão é instável; se espera que sejam duradouras, sua dimensão é estável.
- ◆ A causa afeta um ou vários aspectos de sua vida? Para os especialistas, essa dimensão é específica ou global.

As pessoas misturam as tendências e situam-se entre os dois extremos desse *continuum*, mas os pessimistas tendem a explicar os eventos negativos de acordo com um padrão interno, estável e global. Em outras palavras: quando acontece alguma coisa ruim, culpam a si mesmos, esperam que as conseqüências durem um bom tempo e acreditam que o evento afetará muitos aspectos de sua vida. A visão dos otimistas, por outro lado, é essencialmente oposta. Não culpam a si mesmos, acham que as conseqüências serão pouco importantes e de curta duração, tampouco permitem que afetem outros aspectos de sua vida.

Para entender melhor o estilo explanatório, observemos Bob e Ellen mais uma vez para ver como cada um deles reage à reprovação num exame dificílimo de Bioquímica.

Antes mesmo que o professor dê a má notícia, Ellen está convencida de que foi mal na prova. Seu pessimismo é confirmado quando recebe os resultados. "Está vendo?", ela pensa, "sou burra mesmo". Essa reação é claramente uma resposta interna. A falta de brilho intelectual também é muito estável, e isso tem pouca probabilidade de mudar no curto prazo. Na verdade, os resultados da prova reforçaram a opinião que Ellen tem de si mesma. Por fim, não há dúvida de que o fato de acreditar ser burra vai afetar muitas outras áreas de sua vida – uma resposta global.

Mas Bob, convencido desde o início de que arrasou na prova, vai saber os resultados com a maior despreocupação. Depois do breve choque inicial, ele reconhece de súbito que a prova foi inteiramente fora de propósito, uma resposta externa que retira todo o ônus da culpa de seus ombros. Já vimos muitos estudantes gastarem montanhas de energia para provar que as questões da prova não se ativeram aos pontos estudados, procurando diligentemente outra explicação dos resultados que não seja o próprio comportamento (ou mau comportamento).

A crença de Bob de que essa prova em particular fugiu a seus propósitos não o leva a concluir que todas as provas sejam assim, de modo que ele fica do lado instável da aferição do estilo. Afinal, uma nota baixa gritantemente injusta em Bioquímica não significa grande coisa no plano geral da vida – uma reação claramente específica.

Depois da aula, Ellen sente dor de cabeça e durante dois dias fica de cama. Bob esquece tudo a respeito da nota baixa e passa o fim de semana na praia.

Predileções pessimistas, previsões pessimistas

Há uma sólida explanação mente-corpo para as reações opostas de Bob e Ellen. Comparados a seus congêneres mais otimistas, os pessimistas ficam doentes durante um número maior de dias e procuram o médico com mais freqüência no período de um ano. É o que dizem as conclusões de um estudo feito por outro pioneiro do campo do estilo explanatório e da saúde, Christopher Peterson, Ph.D., que, com a ajuda de Ann Arbor, criou o que veio a ser o principal determinante do estilo explanatório, o questionário de determinação do estilo (QDE).

O fato de você ser otimista ou pessimista não só determina sua saúde em termos de curto prazo mas também sua saúde no futuro. Na década de 1940, alguns pesquisadores pediram a um grupo de alunos formados em Harvard para responder a uma série de perguntas. Cerca de trinta anos depois, Peterson, o doutor Seligman e George Vaillant, médico da Escola de Medicina de Dartmouth, em New Hampshire, Estados Unidos, examinaram, em intervalos de cinco anos, os dados originais classificados de acordo com o grau de otimismo ou pessimismo e o estado de saúde dos participantes da pesquisa até que os membros originais completassem 60 anos.

Aos 30, 35 e 40 anos de idade, não apareceram discrepâncias entre a saúde dos otimistas e dos pessimistas. Mas, entre os 40 e os 45 anos, uma tendência interessante começou a se manifestar. Os pessimistas não estavam com tanta saúde quanto os otimistas. De maneira geral, tiveram mais doenças – tanto graves quanto leves. A proporção diminuiu um pouco depois dos 45 anos por razões que os três pesquisadores não conseguiram explicar. Apesar disso, os resultados do estudo continuam sendo uma prova bem convincente de que nossa visão de mundo aos 25 anos terá influência sobre nossa saúde quando chegarmos aos 45 anos.

Que mecanismos fisiológicos e imunológicos atuam nesse caso? Infelizmente, ninguém tem uma resposta definitiva. Mas há algumas pistas. Os pessimistas têm uma quantidade menor de células T, segundo o trabalho do doutor Seligman e de sua colaboradora Leslie Kamen-Siegel, Ph.D. Especificamente, os otimistas contam com maior número de células T auxiliares em relação às células T supressoras, um parâmetro comum na avaliação da competência do sistema imunológico.

Nosso estudo

O fato de os estudantes pessimistas do estudo do doutor Peterson terem tido resfriados e gripes com mais freqüência sugere o envolvimento da IgA, uma vez que quantidades menores dessa imunoglobulina estão relacionadas ao advento de doenças. Resolvemos testar essa hipótese. Os resultados foram surpreendentes.

Em 1999, aplicamos o QDE em 116 alunos da Universidade Wilkes, na Pensilvânia. Enquanto respondiam as perguntas, pegamos amostras de saliva para checar a presença de IgA. Não detectamos nenhuma relação entre a soma de pontos do questionário e a quantidade de IgA nem entre a classificação de otimista e a IgA. No entanto, quanto mais pessimistas ou mais desamparados os alunos se sentiam tanto menor era a quantidade de IgA. Não acompanhamos os estudantes durante um ano para ver quem ficou doente e quem permaneceu saudável, mas os resultados que obtivemos coincidem perfeitamente com as descobertas de Peterson de que os pessimistas pegam resfriados e gripes com mais freqüência que os otimistas.

Por que uma visão de mundo negativa influenciaria a saúde? Talvez o pessimismo e a desesperança provoquem a redução da IgA. Talvez os pessimistas se ressintam mais do estresse e de seus efeitos concomitantes sobre o sistema imunológico, pois sempre esperam que um revés ocorra a qualquer momento. Talvez simplesmente não consigam soltar-se, relaxar e curtir a vida. Talvez seja uma combina-

É possível amenizar os sintomas da Aids com alegria?

Ao considerar os danos causados às defesas naturais do corpo, você não encontrará nada mais insidioso que a Aids – a síndrome da imunodeficiência adquirida. Entre as pessoas infectadas com o vírus da imunodeficiência humana (HIV), as vítimas que têm disposição mais alegre têm também um sistema imunológico que funciona melhor.

As pessoas portadoras de Aids terão um número maior de células T auxiliares no corpo se sofrerem menos tensão e ansiedade e se sentirem menos depressão, tristeza, fadiga, letargia, raiva e hostilidade, segundo um pequeno estudo de cinco semanas feito com dezoito pacientes infectados pela doença.

Não é pouca coisa. O alvo específico do HIV são as células que estimulam a produção de anticorpos, também conhecidas como células CD4. O vírus as ataca diretamente. A melhor forma de avaliar a evolução da doença é o declínio da quantidade de células CD4. Quanto mais deprimidos estavam os participantes do estudo tanto menos vigor tinham, tanto mais medo sentiam e tanto menos eram capazes de rir. Todas essas características corresponderam a uma quantidade maior do antígeno chamado P24, que indica a ativação do HIV.

Segundo um estudo correlato, pessoas que se recusavam com mais freqüência a fazer coisas só para agradar os outros mostraram quantidades maiores de células T citotóxicas (CDS), de células virucidas e de células NK (ou matadoras naturais). Aqueles que faziam exercícios físicos regularmente e agradavam mais a si mesmos também tinham quantidades maiores de células NK.

ção de todos esses fatores. Talvez seja algo que a ciência ainda não identificou. Mas uma coisa está bem clara: quanto pior você se sentir em relação a si mesmo e quanto pior for sua visão de mundo tanto pior ficará sua saúde. Por motivos ainda parcialmente desconhecidos, o otimista é mais saudável que o pessimista.

Os pacientes de Aids que conseguiam expressar suas emoções revivendo lembranças tinham mais células NK com maior capacidade de destruir vírus – e viveram mais que seus congêneres auto-reprimidos.

Outros estudos confirmam essas descobertas, mas nem todos. Um experimento que as reforça, levado a efeito por mais de cinco anos, demonstrou que os homens *gays* soropositivos e deprimidos tiveram declínio maior do número de células T auxiliares que seus congêneres não deprimidos. Outro estudo de cinco anos com soropositivos revelou que aqueles que não tinham apoio emocional sofreram maior queda de contagem de células T auxiliares no decorrer da doença.

O espírito de luta prolongou a vida de alguns soropositivos por nove meses, segundo outro estudo feito com homens *gays*. Aqueles que se recusavam a aceitar a enfermidade e suas conseqüências viveram mais que os resignados com seu destino.

Um experimento questiona a concordância geral de que a disposição e o estado de espírito diminuem a velocidade da evolução da Aids e afetam várias mensurações imunológicas. Não se encontrou relação alguma entre o temperamento ou a disposição e certos fatores imunológicos de pessoas infectadas com o HIV que ainda não tinham chegado a manifestar os sintomas da doença.

Por quê? Não temos certeza, mas talvez a dinâmica psicológica influencie a imunidade em estágios diferentes da evolução da Aids.

Baixo-astral: Depressão Presente, Saúde Ausente

Na época em que não tínhamos médicos para nos dar injeções, rabiscar prescrições e nos aconselhar a viver com mais calma e descansar bastante, precisávamos de alguma coisa que nos obrigasse a preservar as energias e combater as doenças. De outro modo, nenhum de nós estaria aqui agora. Foi isso que realmente gerou a depressão.

Sim, parece estranho, mas o baixo-astral e certas formas de depressão podem realmente trazer algum tipo de vantagem em termos de sobrevivência. Como mencionamos no capítulo anterior, a depressão está associada a muitas das mesmas alterações que a presença de um microorganismo produz fisicamente – sintomas numerosos demais para serem atribuídos a meras coincidências. Até mesmo sintomas como a perda de apetite fazem sentido. Microorganismos causadores de doenças precisam do ferro contido no plasma sanguíneo para se reproduzir, e nós obtemos esse mineral exclusivamente da alimentação (por isso dizem que o jejum acaba com a gripe).

Como no caso do estresse (que, conforme explicamos no capítulo 3, também provoca em muitos aspectos fisiológicos reações do organismo muito similares às respostas causadas por infecções, ferimentos ou doenças), esse é um recurso que pode salvar a vida no curto prazo, mas em contrapartida pode arruinar a saúde caso tenha influência prolongada e não seja eliminado. A semelhança fica ainda maior quando se percebe que o estresse prolongado pode levar diretamente à depressão.

Infectado pela depressão?

Tão íntima é a conexão aparente entre germes que proliferam incontrolavelmente no corpo e o baixo-astral que certas formas de depressão poderiam ser reclassificadas como doenças infecciosas. Para explicar essa hipótese, temos de considerar um conjunto de evidências crescentes e convincentes demais para serem ignoradas.

Lembra-se das citocinas pró-inflamatórias? Um subgrupo de ativadores imunológicos (entre cujos membros temos a interleucina-1, a interleucina-6 e o fator de necrose tumoral, ou FNT) faz parte das principais linhas telefônicas usadas pelo sistema imunológico e pelo sistema nervoso para comunicar-se. As citocinas dizem ao sistema imunológico que é hora de ficar alerta e trabalhar quando uma infecção se instala. Nesse sentido, é muito bom que existam, mas – voltando a um tema recorrente neste livro – somente em quantidades moderadas. Sua presença em números superiores ao normal coincide com a depressão.

◆ Algumas pesquisas demonstraram que tanto a exposição a um microorganismo que provoca infecção quanto a administração de duas citocinas (interleucina-1 beta ou interleucina-6) produzem os mesmos efeitos sobre o cérebro, quais sejam, alterações da quantidade de certos neurotransmissores que imitam seus congêneres encontrados no cérebro de pessoas deprimidas. Os remédios para combater esse problema, entre os quais há o antidepressivo tricíclico (Elavil) e os inibidores de recaptação seletiva de serotonina (Prozac e Zoloft), corrigem os desequilíbrios dos neurotransmissores. Quase no exato momento em que esses desequilíbrios são eliminados e o alívio da depressão se manifesta (em geral cerca de um mês após o início da administração da droga), a quantidade de citocina se reduz drasticamente.

◆ Como apontam cinco estudos realizados por vários pesquisadores entre 1987 e 1995, a administração de certas citocinas não só altera a neuroquímica como, na realidade, faz as pessoas se sentirem deprimidas e estressadas. Elas também têm mais dificuldade de pensar com clareza e flexibilidade e mostram preocupação maior com o próprio corpo.

◆ Pessoas que apresentam alergias e distúrbios auto-imunes, como esclerose múltipla, artrite reumatóide e lupus eritematoso sistêmico (todas são doenças em que o sistema imunológico fica descontrolado), têm quantidades maiores de citocina no organismo. São também suscetíveis a uma incidência maior de distúrbios depressivos. Quem veio primeiro, o ovo ou a galinha? Qualquer dos dois – ou ambos (veja o quadro "O universo paralelo das doenças auto-imunes", neste capítulo).

O universo paralelo das doenças auto-imunes

Como todos sabemos, a artrite reumatóide é uma doença das articulações. A esclerose múltipla é uma doença dos nervos que controlam nossos músculos. Mas são também distúrbios auto-imunes, e ambas se relacionam a traços de personalidade e oscilações de humor.

Como sabe qualquer fã de ficção científica, um universo paralelo é uma espécie de realidade alternativa do mundo "real", onde as pessoas parecem as mesmas, mas se comportam e agem de forma totalmente diversa, muitas vezes oposta à nossa. Em filmes e livros de viagens pelas galáxias, tudo obviamente é fantasia e imaginação. Mas, na saúde, as doenças auto-imunes representam um universo alternativo da vida real.

Nesse mundo de cabeça para baixo, o sistema imunológico não é nosso defensor interno contra doenças – é nosso pior inimigo e nos ataca freqüentemente com sua hiperatividade porque confunde as células do próprio corpo com invasores alienígenas que precisam ser erradicados.

Diante do tema deste livro, você talvez ache que as pessoas que têm doenças auto-imunes se sentiriam melhor se sua vida fosse cheia de estresse e pessimismo, completamente destituída de prazer. Mas não é o que acontece nesse mundo às avessas. Num quadro clínico de artrite reumatóide, lupus ou outro distúrbio auto-imune, quanto piores forem a disposição e o estado de espírito tanto mais destrutivo será o sistema imunológico.

Vamos examinar alguns estudos que ilustram processos curiosos e contraditórios.

Artrite. O fato de aprender a enfrentar os problemas psicológicos parece atingir a artrite no âmago, e não o sistema imunológico de modo geral.

◆ Um dos sinais mais evidentes de depressão – a incapacidade geral de sentir prazer, que os especialistas chamam de anedonia – manifesta-se em ratos que ingerem substâncias que geram citocinas. Como os roedores mostram que não estão satisfeitos? Eles não fecham a cara nem se sentam num canto com as patinhas cruzadas

As pessoas que fazem terapia em razão de vários problemas emocionais, revela um estudo, não têm necessariamente quantidades mais adequadas de certas células do sangue pertencentes ao sistema imunológico, mas apresentam de fato menos deterioração das juntas e menos sinais de inflamação das articulações. A deterioração das juntas varia de acordo com a reação inflamatória do sistema imunológico. Quanto menor a reação imunológica tanto melhor se controla a artrite.

A própria percepção da maneira de enfrentar o problema (principalmente a dor) é uma forma de prever a reação contra as dores e o desconforto reumático. As pessoas que enfrentam melhor a questão, diz um estudo, têm quantidades maiores de células T supressoras no sangue, o que neutraliza as células imunológicas que estão em busca de inimigos para eliminar. No caso de uma doença auto-imune, quanto maior for o número de células supressoras tanto menos dor haverá.

Esclerose múltipla (EM). Nessa disfunção auto-imune, o sistema imunológico dirige sua atenção destrutiva a um delicado material isolante, a bainha de mielina que cobre os nervos controladores dos músculos. As implicações emocionais dessa doença relacionadas ao sistema imunológico ainda não foram devidamente pesquisadas, mas um estudo de 1988 descobriu que pessoas extremamente ansiosas, com tendências depressivas e EM têm um número maior de células T auxiliares no sangue que seus congêneres menos ansiosos e mais otimistas. Resumindo: essas células são essenciais para uma reação imunológica agressiva. Portanto, conforme se presume, se você tiver EM, quanto mais células T auxiliares houver em seu organismo pior será seu estado de saúde.

---

sobre o peito. Perdem o apetite por alimentos adocicados. Os ratos normais e saudáveis adoram doces. Se os ratos insatisfeitos forem medicados com um antidepressivo tricíclico (imipramina) ou um inibidor de recaptação seletiva de serotonina (Prozac), vão recuperar o gosto por doces.

◆ No inverno, nosso corpo produz quantidades maiores de duas citocinas, o interferon alfa e o interferon gama. Dias mais curtos, noites mais longas e a redução de luz natural também são considerados responsáveis pela depressão de inverno conhecida como distúrbio afetivo sazonal (DAS). Será que a falta de sol está relacionada à maré alta de citocinas? Talvez. Discutiremos um pouco mais a terapia que utiliza a luz no capítulo 8.

Embora tenhamos focalizado principalmente as quantidades elevadas de citocinas, muitos outros aspectos do sistema imunológico também se alteram quando uma depressão se manifesta. As pessoas deprimidas têm quantidades menores de linfócitos B, de linfócitos T e de células T auxiliares, bem como reações inflamatórias precárias. Elas apresentam também menor número de células NK circulando pelo corpo, e esse número menor de assassinas equivale a muito menos trabalho realizado.

Estressado, deprimido

As citocinas têm papel importante na equação da depressão, mas até que ponto? A ciência não tem certeza. Não sabemos por que quantidades moderadas de citocinas são benéficas nem por que uma sobrecarga é prejudicial. Não sabemos se os desequilíbrios dos neurotransmissores causam excesso de secreção de citocinas ou se quantidades maiores delas levam ao desequilíbrio da química cerebral. Não temos certeza nem da forma pela qual as drogas antidepressivas melhoram o estado de espírito. Será que restabelecem o equilíbrio químico do cérebro, reduzem o número de citocinas ou ambas as coisas?

Para complicar ainda mais as coisas, temos as maquinações de outro delinquente, o estresse, que parece facilitar esse crime emocional e ser cúmplice dele. O surgimento de citocinas pró-inflamatórias leva o corpo a produzir cortisol, um hormônio ligado ao estresse, entre cujas muitas funções está a tarefa de inibir a liberação de mais citocinas. Ao menos é assim que o sistema funciona quando você está saudável psiquicamente. Quando está deprimido, esse desligamento automático funciona mal. O cortisol não consegue inibir a produção de citocinas. A presença constante de citocinas desencadeia a liberação de cortisol, que, por sua vez, não impede o acúmulo delas. O processo torna-se um círculo vicioso que alimenta a dupla fogueira do estresse e da depressão.

Você não precisa estar clinicamente deprimido para sofrer as conseqüências que a imunidade defeituosa traz para a saúde. Emoções negativas que não se encaixam na definição de depressão dos livros de psicologia também desequilibram a atividade imunológica. Os efeitos não são tão dramáticos, mas, apesar disso, são reais e atuantes.

Pesquisadores da Universidade Estadual de Nova York, nos Estados Unidos, descobriram, num estudo de 1987 com estudantes universitários, que até mesmo as alterações emocionais que sofremos todos os dias ou todas as horas prejudicam a imunidade. Quando está de bem com a vida, você tem quantidades bem maiores de IgA, mostram os estudos, e fica bem provido de linfócitos T. Quando está contrariado, irritado ou triste, mesmo por pouco tempo, sua IgA cai visivelmente e a atividade de seus linfócitos T diminui bastante. Enquanto você se deprime e sente pena de si mesmo, suas defesas sofrem.

Como se tudo isso não bastasse, um estudo de 1999 mostrou que as pessoas deprimidas não costumam comer bem nem dormir bem, além de não sair muito. Têm mais probabilidade de fumar e de abusar do álcool e das drogas. Os maus hábitos agravam o problema.

Mas há um lado luminoso nessa nuvem escura e sinistra: o prazer. Quanto mais alegria você introduzir em sua vida tanto menos deprimido ficará e tanto mais saudável será. Um estudo de longo prazo mostrou, por exemplo, que a atividade natural do sistema imunológico de eliminar células velhas se renova assim que a depressão é superada.

A ligação com o câncer

Se você recebeu um diagnóstico de câncer, não há como não ficar abalado, assustado, irritado, ansioso, estressado, deprimido e claramente pessimista. Um terço das mulheres e metade dos homens norte-americanos terão um tumor maligno em qualquer parte do corpo em algum momento da vida, segundo estatísticas da American Cancer Society.

A pesquisa não é conclusiva, mas sugerimos que lute em vez de se entregar à doença. Quanto mais você enfrentar o diagnóstico e lutar pela vida depois de recebê-lo tanto melhor seu sistema imunológico vai funcionar.

Alguns estudos de longo prazo concluíram que a depressão prevê o desenvolvimento e o curso posterior do câncer. Uma pesquisa de dezessete anos feita com 2.020 funcionários da Western Electric, por exemplo, chegou à conclusão de que a probabilidade de pessoas com tendências depressivas morrerem de câncer é duas vezes maior que a dos otimistas. Embora outras pesquisas não tenham identificado essa ligação, a evidência é suficientemente convincente para afirmarmos que a depressão é um fator de risco real em casos de câncer.

Alguns estudos sugerem que a depressão diminui a capacidade das células de corrigir o DNA e que esse problema aumentaria a vulnerabilidade a carcinógenos. Outro estudo especula que o fato de a pessoa estar deprimida antes de receber um diagnóstico de câncer decorre do desequilíbrio do sistema imunológico, causado pela falta de uma substância química (a serotonina) relacionada à melancolia e ao mau-humor.

Traços de Personalidade e Saúde

Os traços de personalidade também fazem uma enorme diferença no estado de saúde. Vamos examinar vários deles, inclusive sua maneira de lidar com a raiva e outras emoções fortes e sua tendência a se tornar controlador e a sentir-se indefeso ou desesperançado.

Quando o tumor está ativo, a disposição e a constituição emocional parecem desempenhar seu papel na gravidade da doença e no êxito das batalhas do organismo contra ela. Num estudo feito com pessoas portadoras de melanoma maligno, aquelas que não expressavam muito bem as emoções tinham tumores mais densos e de crescimento mais rápido, assim como menos linfócitos no local afetado.

Um estudo comparativo de pessoas com melanoma a outras com doença cardiovascular descobriu que os pacientes de câncer tiveram reações psicológicas e fisiológicas melhores a ocorrências desagradáveis mesmo quando afirmavam sentir emoções bem mais moderadas. Outro estudo de pessoas com câncer que afirmavam ser calmas, tranqüilas e bem ajustadas à doença, mas não se beneficiavam de apoio social e se sentiam cansadas o tempo todo, também revelou nível mais baixo de atividade celular natural de eliminação de células. Muitas pesquisas realizadas com pessoas que tinham um estilo repressivo de enfrentar a vida documentaram desequilíbrios de outros aspectos da eficiência imunológica.

Por outro lado, sentir-se melhor e mais feliz são aspectos que influenciam o número de anos que uma pessoa vai viver. Expressar mais alegria foi a única variável psicológica a destacar como indício de sobrevivência num estudo de sete anos realizado entre 36 mulheres com câncer de mama. Recomendamos a você que procure as coisas prazerosas da vida – por mais complicado que seja seu diagnóstico.

Formas saudáveis de expressar emoções

Ter "pavio curto" é abrir um atalho para problemas prematuros das coronárias, certo? Muitas e muitas vezes as pesquisas já mostraram que pessoas agressivas, que perdem facilmente o controle, estão a caminho de um ataque cardíaco.

Sim, a agressividade é um fator importante de risco relativo à pressão alta, às doenças cardíacas e a outros distúrbios, sem mencionar o perigo de morte prematura. Mas é igualmente verdade que a incapacidade de expressar sentimentos, principalmente sobre questões de grande carga negativa, faz mal à saúde, em particular à saúde do sistema imunológico.

O segredo reside na maneira como nos expressamos. Dar vazão aos sentimentos de maneira agressiva e colérica é tão ruim para a saúde do sistema imunológico quanto conter a raiva. Mas expressar-se de maneira firme e racional ajuda a manter todas as engrenagens do sistema imunológico em perfeito funcionamento.

Os mecanismos que explicam como a agressividade e a expressão dos sentimentos exercem influência sobre o sistema imunológico ainda não estão muito claros. Em meados de década de 1980, tentamos determinar a associação entre as quantidades de IgA e a personalidade do tipo A, com tendência a problemas das coronárias, que tem a agressividade como um de seus principais componentes. Não descobrimos nada de relevante. Mas outro trabalho sugere que existe alguma relação.

Em vários estudos, alguns cientistas envolveram pessoas em dois tipos de debate por escrito: o primeiro deles era uma conversa inócua, emocionalmente neutra, enquanto o outro abordava temas muito difíceis em que essas pessoas tinham de dar informações sobre si mesmas de grande carga emocional. Enquanto os participantes se manifestavam, os cientistas faziam várias mensurações do sistema imunológico. Comparadas às pessoas que não quiseram expor-se, aquelas que conseguiram manifestar emoções e sentimentos mais fortes revelaram proliferação maior de linfócitos e respostas melhores a anticorpos específicos.

Um bom número de estudos confirma um risco maior de desenvolver câncer (e um prognóstico ainda pior) para o tipo de personalidade C (veja o quadro "A ligação com o câncer", neste capítulo). São pessoas que parecem equilibradas e afirmam não ter agressividade, angústia, fadiga nem sensação de impotência, mas, na verdade, estão fervendo, cheias de emoções violentas. Essas pessoas, em geral, simplesmente aceitam o destino – e a doença.

Outros experimentos confirmam a idéia de que o sistema imunológico se beneficia quando você dá vazão a suas emoções em vez de guardá-las para si mesmo. As pessoas capazes de expressar sentimentos e revelar emoções negativas quando lhes pedem para lembrar uma experiência traumática fazem menos visitas ao consultório médico e seu sistema imunológico funciona melhor, segundo um estudo de 1987 da Universidade do Estado de Ohio, nos Estados Unidos. Elas também contam com maiores chances de viver mais e melhor se tiverem Aids ou câncer (veja o quadro "É possível amenizar os sintomas da Aids com alegria?" e o quadro "A ligação com o câncer", ambos neste capítulo).

Mesmo que você tenha contido suas emoções até hoje, existem condições de contar com uma proteção maior do sistema imunológico se aprender a dar vazão a sentimentos reprimidos. Em estudos baseados no retorno dos pesquisados, o sistema imunológico das pessoas que expressam seus sentimentos respondeu melhor a uma vacina contra a hepatite B do que o sistema das pessoas que continuaram guardando para si mesmas o que realmente sentiam.

Uma evidência final de que liberar as emoções é bom e reprimi-las é ruim: pediu-se a algumas pessoas que se abstivessem de dar vazão a seus sentimentos ou que os expressassem inteiramente enquanto escreviam ensaios curtos. Aquelas que se abriram tiveram atividade imunológica melhor, mostrando número maior de linfócitos circulantes, assim como de células T auxiliares.

A criação de um aparelho de auto-estima

Seguindo o que foi um dia uma característica do programa da televisão norte-americana *Saturday night live*, Al Franken, interpretando o papel de Stuart Smalley, parodiava a versão de auto-estima dos cartões de felicitações. Franken fazia troça da psicologia *pop* do amor a si mesmo, mas seu humor cáustico tinha uma pitada de verdade: quanto melhor for a idéia que tem de si mesmo tanto melhor você se sairá na vida e tanto mais saudável será.

Os especialistas não sabem com exatidão como o conceito de auto-estima se encaixa na personalidade de uma pessoa. Está relacionado, ao menos até certo ponto, ao fato de ser otimista ou pessimista e provavelmente mostra quanto a pessoa é ou não negativa, bem como sua tendência a sucumbir às emoções mais sombrias. Apesar disso, embora a evidência não seja inquestionável, certos indícios sugerem que, quanto maior for a auto-estima, tanto mais forte será o sistema imunológico. Aqui estão três exemplos:

- ◆ Um estudo de 1999 mostrou que pessoas com pouca auto-estima apresentaram reações piores a vacinas contra rubéola do que as que tinham mais auto-estima, diferença que não se manifesta quando uma delas já tem anticorpos contra rubéola na corrente sangüínea.
- ◆ Vários estudos realizados na Universidade McGill, de Montreal, no Canadá, demonstram que a auto-estima "prevê" a qualidade de vida e o avanço da doença entre mulheres portadoras de lupus eritematoso sistêmico, um transtorno auto-imune caracterizado, entre outras coisas, por lesão dos órgãos, inflamação dos pulmões, problemas do tecido conjuntivo e erupções de pele. As mulheres com pouca auto-estima tiveram graus maiores de lesão dos órgãos e mais sofrimento psicológico.
- ◆ Entre pessoas que sofrem dores causadas pelo distúrbio temporomaxilar (DTM), quanto menor a auto-estima tanto pior o funcionamento do sistema imunológico, segundo um estudo da Universidade de Colúmbia, de Nova York.

Nosso estudo

Com o interesse já despertado, decidimos examinar a relação entre auto-estima e nosso anticorpo imunológico predileto, a IgA. Como antes, pedimos aos participantes que pusessem um pouco de saliva num recipiente, mas desta vez lhes demos um questionário chamado Catálogo Coopersmith de Auto-Estima (trata-se de um pequeno estudo-piloto que apresentou apenas resultados preliminares). Os participantes com auto-estima mais elevada tinham quantidades maiores de IgA na saliva.

Por quê? Não temos certeza – mais uma vez. Aparentemente, gostar de si mesmo é como ser otimista, pois promove a saúde imunológica. O que vem primeiro? A verdade é que ninguém sabe realmente, mas é provável que esses dois fatores andem de mãos dadas. É bem possível que o otimista tenha auto-estima razoável, e as pessoas com muita auto-estima provavelmente são mais otimistas. Mas o resultado é o mesmo: estar em paz consigo mesmo faz bem à saúde.

Não diga amém a tudo para agradar aos outros

Se você quer fazer alguma coisa para tornar alguém feliz, é provável que espere tanto uma recompensa emocional quanto imunológica. Mas e quando você faz de má vontade uma coisa que no fundo não quer fazer? Emocionalmente, talvez consiga fazer o favor sem grandes problemas, mas seu sistema imunológico não é tão tolerante assim.

Quando você cede só para agradar a outra pessoa, seu sistema imunológico sofre, segundo alguns estudos de 1987. Aqueles que manifestam relutância e se recusam a fazer a vontade alheia têm sistemas imunológicos que funcionam melhor, com quantidades maiores de células citotóxicas T (CD8), células virucidas e células matadoras naturais.

O que isso significa? Ninguém sabe exatamente, mas o melhor palpite é: fazer alguma coisa que na verdade você não quer provoca raiva e frustração, duas emoções que não são muito benéficas ao sistema imunológico.

Uma perspectiva feminina

A depressão pós-parto é um transtorno na vida de muitas mães recentes que deveriam estar na maior felicidade com seus lindos bebês. Qual é a causa desse desequilíbrio? Talvez a presença desmancha-prazeres de um grupo de ativadores imunológicos chamados citocinas pró-inflamatórias, os principais meios pelos quais o sistema nervoso se comunica com o sistema imunológico. A secreção de citocina vai às nuvens durante o parto e pode influenciar a maneira como a jovem mãe se sente depois, segundo um estudo de 1993.

Grávida, em trabalho de parto ou mesmo que não tenha filhos, a mulher em geral tem níveis mais elevados de ativação imunológica que o homem. Tem também duas vezes mais probabilidade de sofrer distúrbios depressivos. Parece que o estrógeno tende a tornar o sistema imunológico feminino mais sensível e mais rápido em suas reações – para o bem e para o mal. As implicações não são claras, e os motivos também não. Lamentavelmente, os estudos sobre esse aspecto das diferenças entre os sexos são raros.

Sede de poder

As pessoas que apresentam essa característica são dinâmicas, têm muita ambição e talvez uma necessidade ainda maior de controle. Mas, quando inibidos ou impedidos de expressar diretamente suas tendências agressivas, esses indivíduos se expõem a um risco maior de contrair doenças.

Universitários considerados extremamente motivados, por exemplo, tendem a ter menos IgA que seus pares e também a adoecer com mais freqüência, segundo um estudo. Outra pesquisa, realizada durante a época de provas, descobriu que a quantidade de IgA de pessoas que gostam do poder e não conseguem controlar-se cai durante e até após as provas, enquanto aqueles que têm menos sede de poder logo voltam às taxas normais desses anticorpos. Um terceiro estudo concluiu que, quase duas horas depois de fazer uma prova, os estudantes cuja sede de poder era maior que o desejo de interagir com os outros tinham menos IgA no organismo que seus colegas que prefeririam sair com os amigos a exercitar os músculos do controle.

Absolutamente incorrigível

A incapacidade de exercer controle e poder é ruim para o sistema imunológico, mas entregar-se ao desespero e à impotência também é. Pense no caso de Jane, que está sofrendo de depressão e tentando superá-la com visitas semanais a um psicólogo.

Em um dia particularmente sombrio para ela, o terapeuta sugeriu que, na condição de uma mulher que sabia vestir-se muito bem quando estava feliz, fosse ao *shopping* e comprasse um vestido novo. A depressão, como bem sabia o médico, acaba com a iniciativa das pessoas, e fazer alguma coisa – qualquer coisa – melhora o astral delas. Além disso, a inatividade é a característica do estado de espírito que tem mais probabilidades de lesar a atividade imunológica.

Mais fácil falar que fazer. Jane resistiu. Primeiro disse que era o dia de o marido ficar com o carro. Mas o terapeuta logo descobriu que o marido, aposentado, não planejava ir a parte alguma. Essa seria uma oportunidade excelente para Jane se afirmar e, só com isso, reativar a atividade imunológica. Mas ela levantou objeções. Que tal pegar o ônibus? Jane não sabia os horários. Mesmo quando o terapeuta lhe deu todos os horários do ônibus, ela mostrou relutância em ir às compras. Chegou a dizer que, apesar de haver lojas luxuosas e opulentas no *shopping*, provavelmente não encontraria nada que valesse a pena comprar.

Essa é uma desculpa clássica de alguém que sente não ter controle sobre a própria vida. A atitude de Jane perpetua sua depressão. É óbvio que ela se sente impotente e também desesperançada, e isso, segundo a definição dos psicólogos, resulta da crença de que a impotência vai persistir. Jane precisa entender que deve recuperar algum controle sobre sua vida porque as conseqüências da desesperança e da impotência podem ser terrivelmente destrutivas para o sistema imunológico.

Análises imunológicas de pessoas desesperançadas revelam inúmeras mudanças nas células matadoras naturais, nas células citotóxicas T e na IgA. O impacto geral da impotência é devastador. Nosso estudo de 1999 com alunos da Universidade Wilkes, por exemplo, descobriu que, quanto mais impotente um aluno se sente, tanto menor será sua contagem de IgA.

Experimentos com animais também comprovam o impacto da impotência sobre a função imunológica. Em 1978, pesquisadores da Universidade Carleton, de Ottawa, no Canadá, implantaram tumores cancerosos em três grupos de ratos de laboratório. Depois submeteram dois dos grupos a eletrochoques (fortes o bastante para causar uma reação de estresse, mas insuficientes para lesar os animais). Os ratos de um dos grupos podiam interromper os choques apertando uma alavanca; mas o outro grupo não tinha alternativa.

Os ratos que não levaram choques tiveram o menor aumento de tumores. Ambos os grupos expostos aos eletrochoques apresentaram crescimento maior de tumores, embora a incidência de câncer no grupo capaz de interromper os choques tenha sido visivelmente menor que a do grupo indefeso.

Em experimento semelhante realizado em 1972 na Universidade Rockefeller, de Nova York, dois dos três grupos de ratos também levaram choques elétricos. Desta vez, a diferença era de que, na gaiola de um dos grupos, uma luz se acendia imediatamente antes e durante o choque. Os ratos de ambos os grupos que levaram choques desenvolveram mais úlceras gástricas posteriormente, mas aqueles que viam a luz antes do choque se saíram melhor: não tiveram tantas úlceras.

Por quê? Como sugeriram os pesquisadores da Rockefeller, o acender da luz permitia que os ratos previssem o choque. Descobriram que podiam relaxar quando a luz estava apagada. Os outros ratos sofreram de ansiedade e estresse crônicos, contínuos: nunca podiam relaxar e baixar a guarda porque os choques elétricos eram inteiramente imprevisíveis e aleatórios.

Moral da história? Mesmo quando o agente estressante e a reação são os mesmos para duas pessoas, a introdução de um mínimo de previsibilidade e controle pode fazer diferença no impacto final sobre a saúde.

Bem, voltemos a Jane: por fim, o psicólogo, como parte da terapia, exigiu que ela fosse ao *shopping*, exercesse um mínimo de independência e controle, tivesse um pouco de diversão e comprasse um vestido novo. A visita ao *shopping* acabou com sua atitude de "para que me dar ao trabalho?". Ela se divertiu, encontrou um lindo vestido e, em razão disso, sentiu-se menos deprimida.

Ligue-se...
...a uma atitude mais positiva

Ser negativo, sentir-se impotente, reprimir emoções e não ver o lado bom das coisas são atitudes que levam à anedonia, a incapacidade de saborear os prazeres da vida. A anedonia é um dos dois principais sintomas da depressão – e a depressão propriamente dita é o outro. Quando até as coisas mais apreciadas – assistir a um filme, ir a festas, ouvir música, saborear boa comida – perdem a graça, você está entrando numa situação que é ainda mais chata e insípida. E, como a evidência indica, se você não sente prazer nenhum, é provável que sua saúde esteja pior do que deveria. Quanto mais pessimista, impotente, vulnerável e deprimido você estiver tanto mais vai precisar de uma injeção de prazer em sua vida.

O primeiro passo para ativar a conexão imunidade-prazer é fazer alguns ajustes importantes em matéria de atitude. Alguns truques de gente do ramo facilitam essa sintonia fina.

Apesar de tudo, faça. Mesmo que não esteja com vontade de se levantar do sofá, tomar um banho e ir ao cinema ver o filme que você deseja, vá. Compareça àquela festa. Corra até a loja de discos e compre o CD novo de sua banda favorita. Arraste-se, se for preciso, até a academia de ginástica.

A maioria das pessoas acha que a atitude tem de mudar antes do comportamento. É verdade, mas a recíproca também é válida. Se você se obrigar a um comportamento que não está em sintonia com aquilo que sente, seu cérebro não vai tolerar essa incongruência durante muito tempo. Ele mudará sua atitude para que se harmonize com seu comportamento. Em jargão psicológico, o termo é *dissonância cognitiva*. Um exemplo dramático é o chamado efeito Estocolmo, no qual os reféns acabaram tendo simpatia ou descobrindo afinidades com seus seqüestradores porque, na tentativa de sobreviver à provação, procuraram agir de acordo com seus algozes e agradá-los.

Evite pessimismo de segunda mão. Minimize o tempo que passa com gente que não pára de reclamar, com céticos e outros pessimistas. Pense na negatividade como o equivalente emocional a uma sala cheia de fumaça de cigarro. O pessimismo é uma doença psicologicamente contagiosa.

Abra o peito. Isso é essencial. Expresse sentimentos reprimidos com grande carga emocional. Visite um amigo ou familiar diferente ou telefone para ele ao menos uma vez por semana e converse sobre alguma coisa que esteja incomodando a ambos. Se o outro souber que, ouvindo, pode ajudar você, a sensação de recompensa vai beneficiar o sistema imunológico dele também. E talvez não seja má idéia um encontro para um drinque ou dois. Segundo um estudo realizado em Harvard sobre longevidade, o consumo moderado de álcool pode facilitar as confidências e diminuir a resistência das pessoas a se abrir, o que traz benefícios à saúde (mas lembre-se de que, se não for moderado, o consumo de álcool tem o efeito oposto).

Dê vazão à agressividade (mas sem exageros). Se você está com raiva de alguém ou se alguma coisa o deixou frustrado ou irritado, diga isso – mas com o máximo tato possível. A pesquisa mostra que atacar um transgressor não ajuda a acabar com a raiva. Cinco minutos depois de manifestar sua frustração desse modo, você provavelmente sentirá mais raiva ainda, e vai repetir a dose muitas e muitas vezes.

Portanto, comunique de fato o que sente. Seja assertivo, aberto e honesto, mas mantenha-se calmo, respeitoso, diplomático e educado.

Uive para a lua. Que tal um ataque de raiva privado? Bem, é melhor enfrentar diretamente o objeto de sua raiva, mas andar pela casa pisando duro e gritando para as paredes pode ajudar.

Sorria – isso ajuda você a suportar as coisas. Haja ou não motivo, sorria freqüentemente. Os nervos ligados aos músculos que permitem o sorriso projetam-se no interior de partes do cérebro que ajudam a determinar o estado de espírito. Envie a seu cérebro um sinal de que você está feliz, e *voilà!* – você *fica* feliz (e seu sistema imunológico também). Claro que é um truque, mas funciona. E também é uma versão da célebre frase de Descartes: "Penso, logo existo". Descartes, como muitos dentre nós, certamente teve uma mãe que lhe dava bons conselhos tais como: "Sorria, você vai se sentir melhor!"

Dê a si mesmo uma salva de palmas. Quando acontecer alguma coisa boa, dê a si mesmo o crédito merecido. Faça o maior escarcéu. Se ocorrer alguma coisa ruim, não fique repisando o assunto. Considere as circunstâncias e avalie sua responsabilidade. Depois vire as costas e prossiga em frente. Não se recrimine. Muita gente entabula diálogos extremamente negativos consigo mesma: "Sou um estúpido", "Sou feia" ou "Não faço nada direito". Essa conversa insultuosa e degradante de uma pessoa consigo mesma é uma receita infalível de pessimismo, de falta de auto-estima e de depressão. Pare de se subestimar. Faça uma lista de frases positivas a seu respeito e leia-a toda vez que começar a se criticar demais. Use-a com freqüência e pense bem sobre si mesmo. A auto-estima é boa para seu sistema imunológico. Você não precisa ser uma maravilha, basta pensar que é.

Conte a si mesmo uma pequena mentira inocente. Ao avaliar seus pontos fortes, você não precisa ser absolutamente preciso nem honesto. Na verdade, às vezes a pior coisa que se pode fazer é ser honesto. Parece que pequenas mentiras inocentes são como drágeas que fortalecem seu sistema imunológico e o fazem sentir-se melhor.

Quanto mais claramente você enxergar a realidade tanto mais será provável que fique deprimido, segundo o doutor Seligman. Você não quer transformar-se num mentiroso patológico, mas a gente desculpa uma lorota ocasional que o deixe de bem com a vida e o torne mais saudável. Em nome da doença enganadora, às vezes é bom iludir-se. Dê a si mesmo o benefício da dúvida quanto à imparcialidade da prova na qual você não passou ou da entrevista de emprego em que não se saiu bem.

Entre no caminho da vitória. Nada é tão bom quanto o sucesso, de modo que você deve pretender nada mais, nada menos que uma série de vitórias. Coloque-se em situações que só podem ter resultados positivos. À medida que tiver experiências de êxito, começará a ver a si mesmo como uma pessoa bem-sucedida. Se você, por exemplo, tiver algumas experiências sociais positivas, como se divertir à grande numa festa ou fazer novos amigos na academia de ginástica, sua tendência será ver o mundo como um lugar cordial e acolhedor e interagir com esse mundo de forma também cordial e acolhedora. As pessoas em redor vão reagir de acordo com seu comportamento, e seu comportamento vai inevitavelmente se tornar ainda mais cordial e amistoso.

Planeje prolongar o prazer. Se você fizer algo espontaneamente na noite de sábado, você e seu sistema imunológico vão apreciar isso, mas só no sábado à noite. Mas, se programar essa atividade pra quinta-feira, ficará na expectativa durante toda a quinta-feira, toda a sexta-feira e todo o sábado. A expectativa ajuda a determinar o estado de ânimo. A expectativa de um evento negativo provoca ansiedade e, prolongada por muito tempo, causa depressão. Por outro lado, esperar um evento positivo levanta o astral e melhora a atitude diante da vida. O prazer e a anedonia não podem coexistir – portanto, planeje os momentos de prazer e tire o máximo proveito deles.

Assim que terminar de ler este capítulo, ponha o livro de lado e planeje fazer algo que você aprecia muito daqui a dois dias. Não precisa ser uma produção grandiosa – até um prazer trivial é suficiente. O evento não é importante, importante é planejar.

Seja um lutador (mas não um valentão que intimida os outros). Alguns estudos mostram que lutar por alguma coisa e perder, mesmo em situações em que as dificuldades parecem insuperáveis, ajuda a evitar o tipo de desaceleração do sistema imunológico que aflige as pessoas que desistem sem lutar.

Mas levar essa atitude ao extremo, como fazem os valentões, pode ter o efeito oposto. David McClelland, médico e pesquisador de Harvard, descobriu numa amostragem que a motivação muito intensa e o estresse muito grande correspondem a quantidades menores de IgA e a maior incidência de doenças.

Aprenda a expressar seus sentimentos (o que não é sinônimo de reclamação incessante). Procure liberar emoções negativas de forma apropriada com seus confidentes. Descreva as situações e peça conselhos, mas não reclame nem se lamente. Você não tem obrigação de seguir os conselhos dados, mas pedi-los promove a auto-estima dos outros e, desse modo, terá um ouvinte atento que vai ajudar a melhorar seu sistema imunológico.

Cultive o bom humor e aprenda a rir. O bom humor traz benefícios que não se restringem ao sistema imunológico. Além disso, a gente também se diverte quando faz os outros rirem.

Assuma o controle. Pensando bem, é incrível o controle que podemos ter sobre nossa vida – o que é muito bom. Prefira concentrar-se nisso. Mesmo quando a situação for ruim, exerça o controle que puder. Não fique o dia inteiro esperando para dar um telefonema difícil. Ligue às 9 horas da manhã em vez de esperar até o início da tarde e sofrer durante horas com a ansiedade. Seu sistema imunológico detesta isso.

Seja otimista. Não se concentre nas coisas negativas sobre as quais não tem poder nenhum. A qualquer momento, 90% de nossa vida pode tornar-se uma confusão incontrolável. Se você concentrar 90% de seu tempo naqueles 10% sobre os quais exerce controle e com os quais pode obter resultados positivos, terá êxito 90% das vezes.

Seja assertivo (mas não agressivo). Torne-se uma pessoa que diz não de tal maneira que o outro vai embora achando que você lhe fez um favor. Isso é possível se oferecer alternativas melhores ou se usar o humor para dissolver o conflito.

Não cultive a ansiedade nem a tristeza. Use os estados de espírito negativos como um despertador. Acorde e tome uma providência imediatamente. Não deixe que eles passem de estados de espírito a traços de personalidade.

Capítulo 3

A fria do estresse

Luta, fuga e a relação imunidade-prazer

> *A realidade é a principal causa do estresse entre*
> *os que estão em contato com ela.*
> Jane Wagner, escritora, humorista e diretora,
> e Lily Tomlin, comediante e atriz

O despertador não tocou e agora você já está atrasada para o trabalho – de novo. Desta vez, nenhuma simpatia nem apoio do marido, que ainda está ruminando friamente a discussão da noite anterior sobre ir ou não àquela festa. Tampouco houve algum consolo durante o trajeto para o trabalho. Você pegou o pico da hora do *rush* e o carro está fazendo uns barulhos estranhos, parece que alguma coisa está batendo o tempo todo. Além disso, nada de interessante no rádio. Músicas ruins, entrevistas ruins, notícias ruins que você não quer ouvir.

Depois de um dia tipicamente difícil no trabalho, você fica presa numa longa fila do supermercado curiosamente batizada de "caixa rápida". É óbvio que o caixa é um rapazinho que só tem um dia de experiência de trabalho, e um freguês antes dos outros seis à sua frente está preenchendo um cheque para pagar uma conta de 10 reais. Segue-se uma discussão sobre a identificação da assinatura. Você revira os olhos e lê de novo as manchetes do jornal sensacionalista. Outro freguês à sua frente acabou de colocar vinte artigos no balcão (você contou o número três vezes enquanto espera) numa fila reservada para o máximo de dez.

Sim, mais um daqueles dias em que a combustão espontânea não parece uma possibilidade absurda (nem inteiramente indesejável, por falar nisso).

Nossa vida está cheia desses episódios estressantes. Nenhum deles é propriamente mortal, mas tanto pequenas questões irritantes quanto grandes problemas se somam e cobram um preço cumulativo da psique e da saúde. Em todos os sentidos, o estresse é a antítese perfeita do prazer. Irrita nossos nervos, promove a maior confusão com os hormônios do corpo, aumenta a pressão sanguínea e acelera as pulsações. Deixa as pessoas tensas, perturba o sono, arruína o apetite, revira o estômago, provoca uma dor danada no pescoço (ou nos ombros) e interfere com o prazer de viver, além de diminuir a capacidade do sistema imunológico de resistir a enfermidades. Em resumo, quanto mais estressante a vida tanto maior a probabilidade de ficar doente.

Se você não se livrar do estresse no dia-a-dia, vai arranjar encrenca mais adiante. Talvez não hoje nem amanhã. Talvez na semana que vem, e quase certamente daqui a alguns meses. O estresse pode matá-lo de forma bem literal e variada. Contrabalançar os danos fisiológicos e psicológicos causados por ele pode muito bem restaurar sua saúde e, a rigor, salvar sua vida.

Definição de Estresse

Todos sabemos o que é estresse, não sabemos? Em resumo, é o que acontece ao corpo quando percebemos uma ameaça, real ou imaginária, física ou psicológica, que não temos certeza de superar. O estresse tende a levar à ansiedade, que, por sua vez, só acarreta mais estresse. Quanto mais freqüentemente você sofrer o impacto de certo elemento estressante tanto mais provável será que o espere com grande ansiedade e fique estressado mesmo quando descobrir que esse elemento não atua em determinado momento. Em outras palavras: se você ficar irritado e impaciente muitas vezes naquela fila rápida, poderá estressar-se mesmo quando puser as compras no balcão e verificar que não há mais ninguém na frente.

Assim sendo, como saber quando o estresse se tornou crônico o bastante para provocar um problema de saúde? Eis aí algo difícil de determinar com precisão. A natureza criou o estresse como uma resposta de curto prazo. Portanto, tecnicamente, tudo quanto excita o corpo de forma estressante por mais de alguns minutos pode ser considerado um problema crônico. No entanto, a maioria dos especialistas definiria estresse crônico como aquele que persiste por períodos maiores que algumas semanas.

Os danos causados pelo estresse são cumulativos ao longo do tempo e pela repetição das situações. Nenhum incidente estressante isolado é capaz de causar problemas, mas todos os pequenos episódios enfrentados no decorrer do tempo vão se somando e têm efeito devastador, como se fossem um único evento importante e prolongado. Quanto menos pequenas irritações houver em sua vida tanto melhor para você. Da mesma forma, quanto mais você contrabalançar todos os elementos irritantes com distrações prazerosas tanto menos vulnerável ficará.

Um dos parâmetros psicológicos de avaliação do impacto do estresse sobre a saúde, a Escala Rahe de Estresse, soma as ocorrências que produzem estresse durante um ano inteiro para quantificar seu nível e a probabilidade que ele tem de prejudicar a saúde (veja o quadro "Qual é seu grau de estresse?", neste capítulo).

Lutar, Fugir ou se Dar Mal: Por Que Ficamos Estressados

Por mais inacreditável que pareça, na verdade a reação de estresse é um mecanismo de sobrevivência espetacular. Quando vivíamos em cavernas e enfrentávamos ursos, animais selvagens e outras ameaças físicas cotidianamente, o estresse era uma coisa boa, acelerava o funcionamento do corpo e preparava-o para batalhas curtas contra os riscos à segurança e ao bem-estar. Mas hoje vivemos em condomínios e enfrentamos predadores de outro tipo: "tubarões" e "cobras" que usam gravatas, saias e uniforme de supermercado. Sem dúvida ainda podemos ser encurralados ou agredidos por um animal, mas a natureza dos confrontos estressantes mudou muito mais durante os últimos milênios do que nossa capacidade de adaptação. Hoje em dia, a maioria dos conflitos que levam a reações estressantes não se limita aos aspectos físicos. São psicológicos. Mas o corpo não sabe realmente dizer qual é a diferença entre um tigre selvagem que rosna ameaçadoramente e um cidadão sem consideração pelos outros que despeja um número grande demais de artigos na caixa rápida ou tem uma TV que não funciona direito no dia em que cinqüenta amigos estão reunidos em sua casa para assistir à decisão da Copa do Mundo. O corpo reage do mesmo jeito em todos esses casos.

Isso limita muito nossas opções. Não é possível esmurrar o colega de trabalho que fala mal de nós pelas costas. Não tem o menor sentido fazer uma cena no supermercado. E ninguém consegue consertar uma TV com socos.

A natureza modificada do estresse atrapalha nossa capacidade de recuperação das mudanças fisiológicas pelas quais passamos. Se você luta ou foge, o esforço ajuda sua fisiologia a voltar ao normal, e é por isso que o exercício é bom para reduzir o estresse. Se você simplesmente suporta o estresse e o esconde embaixo do tapete, engolindo o sapo e deixando o problema sem solução por muito tempo, as substâncias químicas responsáveis pelas respostas fisiológicas continuam a revolver-se dentro de seu organismo – com efeitos bem adversos.

Os bons tempos de antigamente

Para compreender melhor por que sentimos estresse e por que ele agora é um problema de saúde, precisamos voltar alguns milênios no tempo, quando nossos ancestrais eram caçadores e coletores que andavam pelas florestas de porrete na mão. Ponha-se no lugar deles. A vida era dura, a comida em geral era escassa e a vida cotidiana envolvia, freqüentemente, grandes batalhas para comer e evitar ser comido. Imagine um confronto bem estressante com um tigre pronto para pular em cima de você. Há duas opções: a luta corpo a corpo com o animal ou uma fuga veloz.

Que mudanças fisiológicas seriam possíveis ao corpo para ajudá-lo a evitar transformar-se num canapé do tigre? Você certamente poderia usar um pouco mais de força no braço que atira umas boas pedras ou lanças no alvo. Você se beneficiaria de certa energia extra que deixasse seus pés mais rápidos. Precisaria também de sentidos mais aguçados e de maior capacidade mental para decidir se é o caso de lutar ou correr e atirar pedras para trás enquanto foge à toda a velocidade. Para sair dessa enrascada, você precisaria de mente e corpo muito bem equipados, além de preparar-se da melhor forma possível para fugir ou lutar por sua vida.

Como ligar o motor

A resposta de estresse permite que você esquente o motor de seu organismo. Uma resposta fisiológica dupla, batizada de resposta de luta ou fuga por Walter Cannon, médico e eminente fisiologista de Harvard, surgiu para ajudar os seres humanos a preparar-se. Quando percebem uma situação estressante, o cérebro e o corpo coordenam automaticamente uma série de eventos fisiológicos, enviando mais energia e recursos para alguns sistemas, enquanto enfraquecem ou praticamente imobilizam outros (para saber como seu corpo organiza essas mudanças, veja o quadro "A química nervosa do estresse", neste capítulo).

A química nervosa do estresse

Três hormônios produzidos pelas glândulas supra-renais – o cortisol, a epinefrina e a norepinefrina – dividem os créditos (ou a culpa) das mudanças pelas quais você passa quando está estressado. A forma como seu corpo as libera oferece uma explanação biológica dos motivos pelos quais você não pode ficar estressado e se sentir feliz ao mesmo tempo.

Vamos examinar as coisas mais de perto e ver o que alimenta o motor do estresse e o que sabota a fábrica interna de contentamento.

Programação e saúde

As glândulas supra-renais, situadas bem em cima dos rins, são a fonte de substâncias químicas que fazem você se sentir esgotado e o impedem de ter prazer. Liberam hormônios que reduzem o prazer através de toda uma rede complexa de nervos e baterias de ações que requerem uma pequena aula de anatomia endócrina. Vamos simplificá-la ao máximo.

O cérebro e a medula espinhal alojam nosso sistema nervoso central. Toda a rede nervosa restante de nosso corpo ligada ao cérebro e à medula espinhal é conhecida coletivamente como sistema nervoso periférico e consiste de duas partes, a somática e a autônoma. O sistema nervoso somático possibilita todos os nossos movimentos voluntários, como flexionar um músculo, mexer os olhos e assoar o nariz. O sistema nervoso autônomo é um circuito separado que governa todo o nosso comportamento involuntário ("autônomo" lembra "automático" e, a rigor, as duas palavras querem dizer basicamente a mesma coisa). Ele regula a respiração, a digestão, os batimentos cardíacos e a pressão sanguínea. Para as finalidades do momento, a parte autônoma de nosso circuito determina se é melhor ficar estressados ou sentir prazer e contentamento.

O próprio sistema nervoso autônomo é constituído de dois ramos, o sistema simpático e o parassimpático. Cada um deles opera através de circuitos completamente diferentes e libera substâncias químicas também diversas que governam estados fisiológicos e emocionais totalmente distintos e opostos. Vamos subdividi-los.

Tempos bons. Durante períodos sem estresse, o sistema nervoso parassimpático dirige o espetáculo enviando sinais a alguns nervos e liberando certas substâncias químicas.

Tempos ruins. Imediatamente depois de detectar estresse, tensão, ansiedade, medo e outros estados negativos, o sistema nervoso simpático salta para o primeiro plano e inibe o ramo parassimpático. A partir desse momento, até você se recuperar do que o incomoda, o sistema nervoso simpático estará no comando da situação. Ele estimula diretamente certos nervos para fazer as glândulas supra-renais liberarem a epinefrina e a norepinefrina, que dão início a todas as reações de luta ou fuga.

Dada a natureza oposta desses dois ramos, o sistema simpático e o parassimpático não podem ser ativados simultaneamente. Não é possível estar estressado e completamente relaxado ao mesmo tempo. Embora seja verdade que o estresse liga o motor do sistema simpático, a recíproca também é válida: a atividade parassimpática desliga o motor do sistema simpático e tira a chave da ignição. O nível elevado de atividade de um sistema desativa o outro.

Logística de longo prazo

A reação autônoma e a liberação de epinefrina e norepinefrina são a resposta fisiológica quase instantânea ao estresse. E, por último, pouco depois as supra-renais produzem outro hormônio, que leva à ação mais lenta, ao esforço de longo prazo e aos danos provocados pelo estresse: o cortisol.

O cortisol é o maior responsável por muitas das mudanças fisiológicas pelas quais você passa quando fica estressado, principalmente a elevação da taxa de açúcar do sangue (por isso também conhecido como glicocorticóide). Ele combate a inflamação, suprime a atividade do sistema imunológico e é possível que mate células cerebrais. Sua maior concentração no corpo estressado é inegável. É possível ter idéia do nível de estresse simplesmente medindo-se a quantidade de cortisol presente no sangue ou na saliva.

O cortisol é liberado através de um circuito chamado eixo hipotálamo-hipófise-supra-renais (HHS). Ocorre o seguinte: assim que reconhece a existência de algum fator estressante, o hipotálamo libera uma substância chamada CRH, que, por sua vez, envia à hipófise a mensagem de que é preciso liberar uma substância chamada ACTH, que viaja pela corrente sanguínea e alerta as supra-renais para tirar o cortisol de circulação. Essa conexão química é inquestionável. Segundo experimentos realizados tanto em seres humanos quanto em animais, quando o CRH é bloqueado toda a cadeia de eventos sofre um curto-circuito. O ACTH e o cortisol deixam de ser produzidos e o sistema imunológico funciona normalmente.

Sistema cardiovascular. À custa de praticamente todos os outros sistemas do corpo, o sistema cardiovascular recebe um impulso violento da resposta de estresse. Aumenta o fluxo sanguíneo no coração e nos órgãos vitais porque todos eles precisam de mais oxigênio. Afinal de contas, é preciso lutar ou fugir. Ao mesmo tempo, as artérias se contraem nos membros, nas mãos e nos pés, reduzindo o fluxo sanguíneo nesses pontos para diminuir a possibilidade de morrer de hemorragia caso haja ferimentos. O resultado final dessas mudanças cardiovasculares é um tremendo aumento da pressão sanguínea, a aceleração drástica dos batimentos cardíacos e uma demanda maior do coração.

Energia. Para dispor do combustível necessário ao esforço esperado, o corpo libera açúcar (glicose) no sangue, retirado das reservas dos tecidos. A glicose é a principal fonte de energia do organismo. Para obter energia extra, o corpo também libera na corrente sanguínea a gordura que tem em estoque.

Faculdades mentais. Um volume maior de sangue também entra no cérebro. Você precisa tomar decisões rápidas: deve agüentar firme ou pôr-se a correr e fugir?

Como desligar o motor

A energia extra e o remanejamento de recursos têm um preço para as outras funções corporais. Duas em particular logo sofrem grandes prejuízos.

Sistema reprodutor. Agradeça ao tigre e a outros fatores que abalam os nervos por sua incapacidade de "ficar numa boa" quando está estressado, ansioso ou irritado. O sistema reprodutor usa muita energia, e a natureza providencia o bloqueio total da função sexual para redirecionar essa energia a outros sistemas.

Sistema imunológico. Qual é a probabilidade de uma pessoa ser vitimada por um patógeno agressivo sessenta segundos depois de perceber o iminente ataque do tigre? Nenhuma. Nesse momento, é melhor redirecionar parte do enorme volume necessário de energia combustível ao grupo extremamente complexo de células, órgãos e hormônios que constituem o sistema imunológico.

O remanejamento de recursos terá pouca importância se o episódio estressante for de curta duração. Além disso, o desligamento desse sistema costuma deixar os níveis imunológicos numa faixa aceitável de "normalidade" – mesmo que esses níveis fiquem um pouco abaixo do ideal.

Consciência da dor. E se o tigre conseguir arrancar um pedaço de seu braço? A agonia da dor certamente lhe tiraria a capacidade de preservar a vida nesse momento. Para evitar essa possibilidade, o corpo aumenta a secreção de endorfinas analgésicas e outros narcóticos naturais.

Da Morte aos Impostos: como o Estresse Acaba com as Defesas

Entre os aspectos fisiológicos da reação de estresse, um sistema imunológico enfraquecido é o mais sério de todos – e o mais difícil de

Por que o enfraquecimento?

Mesmo que pareça muito claro que o estresse impede o corpo de combater infecções e doenças, persiste a questão: por quê? Simplesmente não faz sentido. Por que um suposto mecanismo de defesa sabotaria as chances de sobrevivência?

As teorias são muitas, mas nem por isso há certezas. Sim, desviar energia para funções mais urgentes, como lutar ou fugir, faz sentido – para emergências momentâneas, como pretendia a natureza. Mas, apesar disso, essa ainda não é uma explanação completa. Por que, mesmo por alguns minutos, arriscar-se a pegar uma infecção? Por que arriscar o pescoço e ficar tão vulnerável? Alguns especialistas dizem que a capacidade do cortisol – o hormônio do estresse – de reduzir a atividade imunológica é equivalente à freada de um carro: a química do estresse reduz a velocidade de uma ação que, sem isso, adquiriria impulso e sairia de controle. As pessoas cujo corpo não produz cortisol correm, de fato, um risco maior de adquirir artrite reumatóide, asma, esclerose múltipla e outros problemas auto-imunes, entre os quais estão o mal de Addison e a disfunção das glândulas supra-renais, que afligia John F. Kennedy. Uma produção menor não causa necessariamente doenças, mas, ao que tudo indica, gera problemas.

explicar. Sem dúvida você pode passar algum tempo sem a capacidade de se excitar sexualmente ou sem nenhuma sensibilidade aguda à dor. Mas e a capacidade de combater os germes? Por que o corpo corre esse risco? A ciência não conhece as razões disso, e os pesquisadores estão longe da unanimidade em suas descobertas. A ciência não sabe ao certo até que ponto o estresse debilita o sistema imunológico. Dependendo de variáveis como a natureza do elemento estressante, sua intensidade e sua duração, algumas pesquisas concluíram que a redução da capacidade imunológica é pequena. Mas outra pesquisa concluiu que o impacto é devastador. Muitos estudos

Outros especialistas comparam o estresse a uma doença infecciosa. Não é uma analogia ruim. Quer você esteja estressado, quer esteja infectado por algum patógeno desconhecido, o sistema imunológico reage basicamente da mesma forma. Na verdade, os pesquisadores Steve Maier, Ph.D., e Linda Waltkins, Ph.D., da Universidade do Colorado, acham que a resposta de estresse surge, de fato, da ativação do sistema imunológico e é, em grande parte, resultado dessa ativação. Quer você esteja estressado, quer esteja infectado, o sistema imunológico inato – o sistema de defesa geral de múltipla ação com o qual todos nascemos – entra em cena. Ao mesmo tempo, aquilo que foi chamado de *imunidade adquirida* vai para segundo plano e perde a importância. Imunidade adquirida é a forma pela qual o sistema imunológico se adapta a um invasor muito preciso, específico. Quando você toma uma vacina contra a pólio, por exemplo, sua imunidade adquirida entra em ação e aprende a defendê-lo contra esse agressor em particular. Nesse caso, também a ênfase na imunidade inata, em detrimento da imunidade adquirida, pode ajudar numa crise momentânea, mas, quando a situação se prolonga, ela pode ser tudo, menos benéfica.

indicam que essa atividade reduzida ainda pode permanecer numa faixa considerada normal.

Mas normal não é ideal. As discussões sobre o assunto podem ser irrelevantes, uma vez que até pequenas reduções podem ter conseqüências graves em termos do combate a doenças. O que está fora de dúvida para a comunidade científica é a evidência inquestionável que demonstra que o estresse e as substâncias que ele faz o corpo produzir afetam negativamente nossa capacidade de manter a saúde. Da atividade da imunoglobulina A (IgA) à das células matadoras naturais, quase todos os componentes do sistema imunológico sofrem perda de vigor na presença do estresse. Sabemos também, com certeza quase absoluta, que o alívio da tensão e da ansiedade aumenta nossa capacidade de resistir a doenças.

Faça você o que fizer...
O número de eventos que provocam estresse corresponde à redução – mesmo que pequena – das defesas naturais do organismo. Tão forte é essa ligação que se pode esperar que qualquer acontecimento muito estressante – uma auditoria do Fisco, um assalto numa rua escura, um pneu furado numa via expressa muito movimentada, o filho adolescente que de uma hora para outra quer exercer sua independência e mudar-se para o outro lado do país, a demissão do emprego – interfira no funcionamento das defesas naturais do corpo. Uma série contínua de pequenos estresses tem o mesmo efeito, mas quanto mais traumático for o acontecimento tanto maior e mais persistente será seu impacto sobre o sistema imunológico. Um estudo da Universidade de Ciências da Saúde de Bethesda, no estado de Maryland, mostrou que as pessoas que viviam perto de Three Mile Island, na Pensilvânia, quando a usina nuclear vizinha sofreu um vazamento de substâncias radiativas, em 1979, continuavam apresentando redução da atividade imunológica vários anos depois do acidente.

A morte do cônjuge está praticamente no topo da lista dos eventos mais traumáticos da Escala Rahe, seguida logo depois pelo fim de um casamento por causa do divórcio. A imprevisibilidade e a impossibilidade de controlar essas situações, combinadas à mudança drástica da rotina e à perda de um confidente de longa data, tudo isso tem um preço emocional e físico muito elevado. Seja qual for a forma de avaliar a situação, o sistema imunológico das pessoas que enfrentam a morte do cônjuge, uma separação ou o divórcio mostra graus visíveis de fraqueza, segundo uma série de estudos feitos por Ronald Glaser, Ph.D., e Janice Kiecolt-Glaser, Ph.D., um casal de pesquisadores da Universidade do Estado de Ohio. A recuperação e a volta ao "normal", tanto em termos psicológicos quanto imunológicos, só ocorrem após vários anos, concluiu o casal de pesquisadores (veja o capítulo 5 para saber mais sobre a forma pela qual o estresse do luto ou da separação desequilibra a função imunológica).

Essa ligação não é mera coincidência

Será que a ligação entre o estresse e a imunidade é direta? Parece que sim. Experiências com animais predominam nessa área porque não é considerado ético expor pessoas deliberadamente à dor ou a um grande perigo. Mesmo assim, usando formas inovadoras de contornar o problema, alguns pesquisadores descobriram ligações diretas entre o grau de estresse e o grau de enfraquecimento imunológico.

Alguns cientistas pediram aos participantes de seu estudo que resolvessem problemas de matemática bem difíceis ou anagramas quase impossíveis de decifrar. Outros pediram que as pessoas fizessem discursos diante do público. Segundo um estudo de 1995 realizado com dezenove mulheres por Karen Mathews, Ph.D., na Escola de Medicina da Universidade de Pittsburgh, quanto mais nervoso você se sente com relação a seu desempenho tanto mais o sistema imunológico se enfraquece. A morte é o fator estressante número 1 nos Estados Unidos; mas falar em público é o medo que mais produz ansiedade entre os norte-americanos. Lembre-se: a ansiedade é a expectativa temerosa de um acontecimento futuro que vai produzir estresse. Nesse sentido, é interessante notar que a morte é o medo número 2, fato que certa vez levou o comediante Jerry Seinfeld a dizer que, num funeral, muita gente preferiria estar no caixão a ser a pessoa que faz o panegírico.

Apesar disso, quer perturbado pelo estresse, quer pela ansiedade, seu estado emocional no momento em que você é infectado por um patógeno faz toda a diferença, segundo um estudo precioso de 1991 realizado por Sheldon Cohen, Ph.D., da Universidade Carnegie Mellon, de Pittsburgh. Em seu experimento, 394 pessoas consentiram em se expor ao rinovírus, que causa o resfriado comum. Depois, aquelas que se consideravam "estressadíssimas" sofreram incidência duas vezes maior de sintomas de resfriado que seus companheiros menos estressados. O sistema imunológico de todos ainda estava dentro da faixa de "normalidade" e "saúde", mas até uma pequena debilidade imunológica relacionada ao estresse os tornou mais suscetíveis ao vírus.

Como já dissemos, é muito difícil medir cientificamente o impacto do estresse sobre o sistema imunológico. Os pesquisadores podem avaliar indiretamente associações fazendo perguntas e realizando mensurações depois, mas em geral não inoculam vírus nas pessoas nem as submetem ao estresse, esperando para ver se caem doentes em seguida. Ética à parte, é pouco provável conseguir muitos voluntários para experimentos desse tipo.

Estamos constantemente expostos a um número incomensurável de agressores e, apesar disso, não ficamos sempre doentes. O que faz a diferença? Um número considerável de pesquisas, entre as quais o estudo do doutor Cohen, demonstra claramente que o estresse reduz a imunidade em grau suficiente para nos deixar mais vulneráveis. E a declaração de que quanto mais prolongado o estresse tanto pior para a saúde foi confirmada por um estudo de *follow-up* com 276 pessoas que Cohen fez em 1998. Episódios intensos, mas limitados, de estresse não estão associados ao fato de pegar um resfriado, concluiu ele. Mas o estresse sério e crônico, que se estende por mais de um mês, corresponde, de fato, a um número maior de casos de resfriado.

Experimentos com animais confirmam os resultados obtidos com pessoas. Quando ratos são expostos a indutores de estresse, como choques elétricos ou o equivalente a uma ameaça de morte, o sistema imunológico deles mostra sinais visíveis de enfraquecimento, segundo uma série de estudos espetaculares realizados por dois dos maiores pesquisadores da psiconeuroimunologia da Universidade do Colorado, Steven Maier, Ph.D., e Linda Watkins, Ph.D. Em um desses experimentos, os cientistas injetaram num grupo de ratos uma substância chamada KLH, uma proteína inócua que, por ser uma substância estranha ao corpo, obriga o sistema imunológico a entrar em ação. Entre ratos comuns que não estavam estressados, foi exatamente o que o sistema imunológico fez, desempenhando muito bem sua tarefa.

O estresse do mundo real leva a resultados semelhantes. Quando um rato macho tímido e inseguro foi posto numa gaiola com dois ratos dominadores e agressivos, como aconteceu num estudo de 1989 realizado na Universidade do Colorado, os valentões não expulsaram propriamente o recém-chegado. Logo impuseram sua dominação. Embora o recém-chegado que invade o espaço alheio raramente seja ferido, adota realmente a postura clássica do roedor derrotado, rolando no chão e ficando deitado de costas. Se o confronto ocorrer logo depois de a vítima receber uma injeção de KLH, os anticorpos de seu sistema imunológico responderão quase exatamente da mesma forma com que teriam reagido se o rato levasse um choque elétrico. As taxas tanto de IgM quanto de IgC são menores e continuam baixas até um mês depois do confronto estressante.

O Estresse Causa tantos Problemas assim?

O estresse e seus hormônios, portanto, coincidem com doenças nas situações tensas que reduzem a atividade do sistema imunológico. Será que podemos dar o passo lógico seguinte e dizer sem rodeios que a ação persistente de hormônios relacionados ao estresse acaba por nos fazer adoecer? Achamos que sim.

Para provar isso, vamos visitar o vestiário do time esportivo de sua cidade, onde um dos três principais hormônios do estresse marca presença. Não, não é por causa da tensão nem da ansiedade ligadas à decisão do campeonato, mas devido a todas as contusões sofridas em jogos anteriores. Os atletas costumam tomar injeções de cortisona, composto intimamente relacionado ao hormônio do estresse cha-

Qual é seu grau de estresse?

Não há dúvida de que você sabe quando está estressado, mas pode ter noção mais objetiva da tensão que vem suportando e do preço que seu sistema imunológico e sua saúde pagam por isso? Depois de anos de análise das mudanças mais estressantes para as pessoas e das várias doenças que podem manifestar-se em decorrência delas, dois pesquisadores da Escola de Medicina da Universidade de Washington, em Seattle, Thomas Holmes e Richard H. Rahe, ambos médicos, criaram o que se tornaria a medida padrão do estresse entre os profissionais da área e determinaram a probabilidade que ele tem de aumentar o risco de adoecer. A escala, publicada originalmente em 1967, foi atualizada em 1997 pelo doutor Rahe e por Mark A. Miller, Ph.D., para explicar a gradação do estresse em eventos que mudam a vida das pessoas e detalhar melhor esses eventos.

A premissa simples da Escala Rahe de Estresse é de que a mudança – qualquer mudança – é estressante e, ao menos em certa medida, provavelmente terá impacto sobre a saúde. A morte de um filho está no topo da lista, seguida pela morte do cônjuge, de um familiar muito próximo, pelo divórcio e pela separação. É interessante observar que os eventos positivos também podem ser estressantes. Casar-se, engravidar, mudar de casa e até sair de férias – tudo isso pode gerar muita tensão.

Embora seja melhor que um psicólogo ou médico familiarizado com a escala interprete os resultados, você mesmo pode fazer o teste e chegar a uma estimativa aproximada de seu grau de estresse. Pense em todos os eventos pelos quais passou nos últimos doze meses, some os números e consulte o guia de pontos apresentado abaixo. Você também pode encontrar a escala no *site* do doutor Rahe: www.hapi-health.com.

Interpretação dos resultados

Quais dos eventos citados abaixo ocorreram com você no último ano? Some os números que estão diante de cada um deles. O total corresponde a suas unidades de mudança de vida (UMV). Um total abaixo de 200 indica que você corre pouco risco de ter uma doença em futuro próximo. Um total entre 201 e 300 significa que suas possibilidades de adoecer são moderadas. Um total entre 301 e 450 pontos sugere que existe muita probabilidade de cair doente. Finalmente, se seu total for superior a 450, você corre um risco enorme de adoecer a qualquer momento.

Morte de um filho 123	Noivado 45
Morte do cônjuge 119	Dificuldades sexuais 40
Morte de um parente próximo .. 101	Doença de gravidade moderada .. 44
Divórcio 96	Nascimento de um neto 43
Separação conjugal 79	Perda ou danos de propriedade .. 43
Cumprimento de pena na cadeia 75	Saída de um filho de casa 42
Demissão do emprego 74	Mudança das condições de vida .. 42
Doença grave 74	Mudança de responsabilidades profissionais 41
Morte de um amigo próximo 70	
Gravidez 67	Mudança de residência 40
Nascimento ou adoção 66	Problemas de relacionamento pessoal 39
Aborto espontâneo ou provocado 65	
	Início ou término de estudos 38
Grande reajuste profissional 60	Problemas com parentes consanguíneos ou por afinidade .. 38
Grande redução da renda 60	
Divórcio dos pais 59	Grande aumento de renda 38
Mudança de parentes para sua casa 59	Compra de grandes proporções .. 37
	Novo relacionamento íntimo 37
Dificuldade de obter crédito 56	Realização de maior importância.. 36
Mudança das condições de saúde ou do comportamento de um parente 55	Mudança das condições de trabalho 35
	Mudança de escola 35
Aposentadoria 52	Problemas no trabalho 32
Mudança para outro ramo profissional 51	Mudança de crença religiosa 29
	Mudança de atividades da igreja .. 27
Decisão importante sobre o futuro 51	Mudança de hábitos pessoais 26
	Mudança do número de reuniões de família 25
Discussões mais freqüentes com o cônjuge 50	
	Mudança de crenças políticas 24
Casamento 50	Férias 24
Novo casamento de pai ou mãe .. 50	Compras de menor importância .. 20
Acidente 48	Doença leve 20
O par amoroso começa ou pára de trabalhar 46	Pequenas infrações da lei 20
	Iniciar um curso 18

mado cortisol, pouco antes de entrar em campo para diminuir a dor inflamatória. A inflamação é, em parte, sinal de que o sistema imunológico está em atividade.

Agora vamos sair do vestiário e atravessar a cidade para chegar à ala de recuperação de um hospital municipal. Os pacientes de transplante de órgãos que ali estão podem muito bem ter tomado injeções de cortisol ou de um composto parecido para diminuir o desejo inato do corpo de rejeitar o órgão estranho. Veja só o poder que essa substância tem de reduzir a atividade imunológica. O cortisol e outros glicocorticóides impedem tanto a produção quanto a liberação dos principais agentes do sistema imunológico, as citocinas. Quanto menor a quantidade de citocinas tanto menor a intensidade da reação imunológica.

É fácil verificar essa proposição, demonstrada claramente pela administração de drogas que bloqueiam o cortisol e outros hormônios do estresse, criando-se uma situação estressante para ver o que acontece. É um teste bem simples: se mesmo assim o sistema imunológico reagir, será provável que o hormônio bloqueado não esteja envolvido. Se o sistema imunológico continuar funcionando tão bem quanto antes do estresse, provavelmente o hormônio será o responsável por isso.

Essa evidência também pode ser verificada na Universidade do Colorado. Em 1995, foi feito um estudo no qual alguns ratos eram estressados com choques elétricos e depois recebiam a droga KLH, que estimula o sistema imunológico. Em seguida, alguns deles recebiam também a injeção de uma droga que bloqueia a capacidade do organismo dos roedores de usar o equivalente ao cortisol. Entre aqueles que receberam o bloqueador de cortisol, o sistema imunológico funcionou perfeitamente bem, como se os ratos não tivessem sofrido estresse nenhum. Os que não tomaram a droga mostraram os sintomas típicos de enfraquecimento do sistema imunológico. Muitos estudos semelhantes tiveram o mesmo resultado, que também foi obtido com os outros dois principais hormônios do estresse, a epinefrina e a norepinefrina. Se a liberação desses hormônios for inibida, o sistema imunológico não falhará quando você ficar estressado.

Benefícios de Curto Prazo, Riscos de Longo Prazo

Nenhuma das reações ao estresse é propriamente ruim – numa crise momentânea. Mas e se elas forem prolongadas e não houver solução à vista? E se seu corpo não se livrar das substâncias químicas que constituem a resposta de estresse? E se você não conseguir transar, por mais sensual que seja seu par amoroso? E se seu sistema cardiovascular for agitado repetidamente durante semanas e semanas sem nenhuma identificação da causa e sem retorno à normalidade? E se seu sistema imunológico ficar bloqueado, ainda que minimamente, durante meses a fio?

Se persistir durante muito tempo, o impacto geral do estresse é muito prejudicial, acredite.

Pressão alta e doença cardíaca. A pressão alta (hipertensão) é o mais importante fator de risco da doença cardíaca e do derrame. Uma breve elevação da pressão sanguínea bombeia mais sangue através do organismo e ajuda você a sobreviver a uma ameaça física. Supondo-se que tudo logo volte ao normal, provavelmente não haverá nenhum dano de longo prazo. Mas substitua uma batalha rápida contra um tigre por um divórcio complicado que se arrasta por muito tempo, acompanhado de acusações amargas, de raiva surda, de advogados caros e de crianças confusas, aos prantos – a tensão e a pressão sanguínea vão chegar às nuvens durante meses, e não por apenas alguns minutos. A pressão maior pode fazer um vaso sanguíneo romper-se. Se o vaso rompido alimentar o coração, você terá um problema de coronária. Se o vaso alimentar o cérebro, você terá um derrame.

Todos conhecemos alguém que toma medicação para baixar a pressão, cujo objetivo é exatamente evitar essas possibilidades. As drogas mais receitadas contra a hipertensão são os chamados bloqueadores beta. Eles impedem que dois hormônios fundamentais do estresse, a epinefrina e a norepinefrina, contraiam os vasos sanguíneos, acelerem os batimentos cardíacos e afetem o corpo de outras formas (você provavelmente está familiarizado com a epinefrina por intermédio de seu outro nome, adrenalina. Da mesma forma, a norepinefrina também é conhecida como noradrenalina). Nessa perspectiva, os bloqueadores beta são essencialmente drogas antiestresse.

Aterosclerose. A pressão alta constante também provoca minúsculos rasgões e rupturas nas paredes internas das artérias. Essas rachaduras e gretas são abrigos perfeitos para o colesterol se alojar, aumentando a placa que represa o sangue e entope as artérias. O colesterol, claro está, é a gordura do sangue, cuja quantidade a reação de estresse também aumenta (até mesmo independentemente da alimentação). Como se esse processo não fosse bastante insidioso, ainda temos a própria natureza dos hormônios do estresse: eles favorecem a produção do tipo de colesterol que tem mais probabilidade de aderir às paredes das artérias (lipoproteína de baixa densidade ou LDL, a sigla em inglês pela qual é mais conhecido) e estimulam a destruição do HDL, a lipoproteína de alta densidade que limpa o sangue.

Diabetes. E aquele aumento da taxa de açúcar do sangue? Não é problema – numa emergência. Se você lutar ou fugir, a atividade física queima a glicose excedente e tudo entra nos eixos. Mas se ficar sentado no cubículo que é sua sala de trabalho remoendo uma preocupação por meses a fio e não eliminar o açúcar extra da corrente sanguínea, você estará criando o principal sintoma do diabetes, a quarta *causa mortis* nos Estados Unidos. Uma vida muito estressada, principalmente quando combinada a má alimentação e falta de exercícios, é um dos maiores fatores de risco dessa doença.

Dano cerebral, perda de memória e derrame. Certamente os sentidos e a cognição aguçados que você tem quando alguém lhe aponta uma arma não poderiam lhe fazer mal no longo prazo, concorda? Bem, na verdade esse é um presente de grego. O efeito é uma cortesia do cortisol, hormônio do estresse. Com o tempo, parece que o cortisol mata células cerebrais, segundo uma pesquisa feita por Robert Sapolsky, Ph.D., biólogo da Universidade Stanford que estudou detalhadamente as conseqüências fisiológicas do estresse. As células que parecem particularmente vulneráveis estão situadas no hipocampo do cérebro, uma área crítica para a formação das lembranças e uma das partes do cérebro que se deterioram com o mal de Alzheimer e outros distúrbios de memória. A implicação é de que o estresse crônico pode favorecer o advento do mal de Alzheimer e de outros problemas cognitivos.

Como já dissemos, o fluxo maior de sangue na cabeça aumenta a pressão dentro dos vasos cranianos, levando a um risco maior de que um deles se rompa e cause um derrame. O cérebro tem consciência do problema e reage. Assim que registra uma pressão sanguínea muito alta, o cérebro libera substâncias químicas que engrossam e fortalecem as paredes de seus vasos para protegê-los de uma ruptura potencial. Em certos casos, os vasos sanguíneos mais grossos fazem pressão e forçam os nervos próximos, causando pelo menos uma dor de cabeça. Em outros casos, esse engrossamento resulta na perda de flexibilidade e elasticidade dos vasos sanguíneos, o que significa que eles não conseguem ajustar-se imediatamente às ondas de sangue – e isso só aumenta a possibilidade de que um deles se rompa. Repetindo: uma resposta defensiva sai pela culatra quando há estresse prolongado por resolver, o que aumenta a possibilidade de um derrame.

O preço do estresse crônico

A medicina reconhece, de modo geral, que o estresse crônico faz mal à saúde, mas ainda não percebeu toda a extensão desse mal nem todas as suas ramificações. A pressão alta é uma coisa, a morte de células cerebrais é outra bem diferente. Algumas das alterações documentadas induzidas pelo estresse crônico são mais graves e mais extensas tanto em magnitude quanto em duração do que a ciência pensava, fato que torna a redução do estresse e a busca de prazer muito mais importantes para a saúde do que possa parecer à primeira vista.

Hans Selye, médico e cientista que foi o primeiro a identificar o estresse como um risco à saúde, considerou-o inicialmente uma ameaça externa que tinha de ser combatida pelo corpo com a secreção de hormônios e outras substâncias químicas a ele relacionadas. Depois achou que a tensão prolongada simplesmente exaure a capacidade do corpo de produzir essas substâncias. Como o doutor Sapolsky e outros demonstraram mais tarde, não é bem isso que acontece. O organismo não fica sem hormônios de estresse. O corpo é capaz de produzi-los durante todo o tempo em que a pessoa estiver sob pressão.

Trocando em miúdos, esse fato é que transforma um inteligente mecanismo de sobrevivência de curto prazo em grande ameaça de longo prazo. O corpo, de certa forma, volta-se contra si mesmo no aspecto fisiológico, psicológico e imunológico. Primorosos dispositivos de autodefesa que surgiram ao longo do processo evolutivo mostraram ser autodestrutivos no mundo do século XXI (e também não nos ajudaram muito durante o século XX). É por isso que você deve procurar deliberada e conscientemente combater o estresse com o prazer.

Ligue-se...

...a menos estresse

O estresse é a antítese do prazer não só em termos de definição mas também fisiologicamente. Dada a natureza oposta das duas partes de nosso sistema nervoso autônomo, discutida no capítulo 1, o estresse e o prazer não têm como coexistir na mente e no corpo. Portanto, embora seus efeitos inibam a capacidade de diversão, as atividades prazerosas reduzem o estresse e o preço altíssimo cobrado ao sistema imunológico e à saúde.

O que você deveria fazer exatamente? Em primeiro lugar, ler o resto deste livro. Todos os seus componentes foram criados especificamente para combater o estresse e aumentar a imunidade. Essa é a recomendação principal e a mais óbvia, mas, por enquanto, temos algumas sugestões adicionais.

Reconheça o estresse. Ouça seu corpo e aprenda a reconhecer quando você está sob uma tensão maior. Na próxima vez que tiver um dia horrível no trabalho ou uma briga medonha com seu par, vá até a farmácia mais próxima e verifique a pressão. É bem provável que ela esteja na faixa da hipertensão.

Outra sugestão é dizer a seu médico que você quer um exame para saber qual é sua concentração de cortisol, o mais importante hormônio do estresse, que pode ser feito com o sangue ou a saliva. Seria boa idéia fazer uma contagem do cortisol quando você não estiver sofrendo nenhuma grande tensão para saber qual é sua dosagem normal. Assim, quando enfrentar crises futuras, poderá fazer um exame para avaliar o impacto delas sobre seus nervos e sua imunidade. Sabendo, por exemplo, qual é sua contagem básica de cortisol durante períodos relativamente tranqüilos, você poderá constatar o aumento esperado desse hormônio se, mais tarde, ficar abalado por alguma coisa, for despedido ou perder a pessoa amada.

Tome providências. Não arranje desculpas para o fato de não ser capaz de sentir prazer. Não diga que está transtornado a tal ponto que nem quer senti-lo. Lembre-se, o comportamento tem realmente condições de mudar a atitude.

Procure fazer com que o prazer se repita. Como no caso do preço do estresse, os efeitos do prazer sobre o corpo e a mente também são cumulativos. Todo pequeno prazer ou satisfação que você tem diminui o bloqueio ao sistema imunológico. Portanto, vá assistir a uma comédia. Vá a uma festa. Encontre-se com amigos num bar. Brinque bastante com seu gato ou seu cachorro. Aninhe-se no sofá com o ser amado. Ouça seu CD preferido. Fique em silêncio e medite. Tome um copo de vinho ou uma cerveja. Ligue para sua mãe. Reorganize sua coleção de moedas. Faça uma longa caminhada. Corra algumas vezes em volta do quarteirão ou vá à academia para uma sessão de ginástica. Na verdade, o exercício é o grande redutor do estresse, pois bombeia o sangue de maneira mais benéfica, queima seus hormônios e oferece uma válvula física para lutar ou fugir metaforicamente da toca de seu tigre.

Capítulo 4

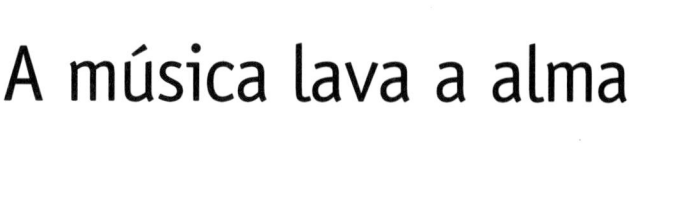

A música lava a alma

Mas será que consegue curar o resfriado comum?

> *Música é a abreviatura de emoção.*
> Conde Lev Nikolaievitch Tolstoi, romancista, filósofo e místico russo

O uso da música como remédio remonta aos tempos bíblicos, quando Davi, sem acesso ao Prozac, tocava harpa para aliviar a depressão do rei Saul. Os templos antigos da China, da Índia, do Egito e da Grécia estavam equipados com instrumentos cuja função era curar com música. Não por acaso, Apolo era deus tanto da música quanto da medicina, e Asclépio (provavelmente o primeiro médico) empregava a música como um grande remédio. Na Europa do século XII, a abadessa Hildegard von Bingen, talvez a primeira musicoterapeuta da História, usava melodias para tratar doenças.

No entanto, logo depois da metade do segundo milênio, os médicos começaram a ver a música com maus olhos. Foi só mais ou menos em meados do século XX que a musicoterapia ressurgiu como um campo de estudo de valor intrínseco. Desde então, a ciência documenta a capacidade que a música tem de levantar o astral e reduzir a produção de substâncias químicas associadas ao estresse.

Tanto a música erudita quanto o *rock* clássico fazem melhorar as notas de estudantes universitários. A música concentra a atenção, aguça a memória e promove a consciência espacial. Ouvir música de fundo suave diminui a pressão sanguínea e desacelera as pulsações e a respiração dos pacientes da ala pré-operatória dos hospitais. Segundo as conclusões de um estudo, a música erudita aumenta a velocidade e a precisão cirúrgica do médico. Na verdade, o desempenho profissional de qualquer pessoa melhora quando ela assobia durante o trabalho. A música leva o corpo a produzir peptídios opióides que dão uma sensação de prazer e bem-estar, elevando o astral e ajudando a minimizar a dor. O ritmo e o sincopado promovem a recuperação das pessoas que sofreram derrame e ajudam a consolidar o controle motor entre os que sofrem do mal de Parkinson. São benéficos até para crianças autistas.

Portanto, embora o conceito não seja novo, a explosão da pesquisa científica sobre a música certamente é recente. Afinal de contas, "tocar duas músicas e me chamar pela manhã" é mesmo uma boa idéia.

A Ciência por trás da Música

A evidência de certos benefícios à saúde derivados da música é uma coisa, mas a noção de que uma melodia pode manipular substâncias bioquímicas do corpo, como a imunoglobulina A (IgA), é outra bem diferente. Se essa idéia ainda hoje é um tanto estranha, imagine-se em 1988, quando ela surgiu. Nossa investigação foi a primeira feita rigorosamente, de acordo com os princípios científicos, sobre o impacto da música no sistema imunológico.

O maior obstáculo à investigação tinha duas ramificações: precisávamos excluir todo e qualquer sentimento pessoal que pudesse ser evocado por uma melodia familiar ou certas letras cheias de carga emocional, além de isolar a música como a única variável da alteração do sistema imunológico.

A primeira parte foi fácil: usamos música instrumental. Se tocássemos canções cujas letras falassem de amor, Janice, que tinha acabado de conhecer o amor de sua vida, poderia muito bem ficar empolgada e acabar tendo uma resposta imunológica excelente, ao passo que seria de esperar que Charlie, que acabara de levar um fora da noiva, caísse na mais profunda depressão.

A outra parte foi muito mais difícil. Sem dúvida há obras instrumentais em praticamente todos os gêneros musicais – *pop, rock, country, blues,* clássicos, discoteca, *rap* e *new wave*. Mas como resolver a questão do gosto pessoal e da bagagem emocional nesse caso? Se puséssemos, por exemplo, um disco de Rachmaninoff ou qualquer outra obra erudita, um ouvinte poderia entrar em estado de bem-aventurança, o que estimularia seu sistema imunológico, ao passo que outro, que detesta o gênero, ficaria entediado, desatento e até irritado.

Uma resposta condicionada também poderia mostrar um lado negativo. Se Eric, por exemplo, ouvisse a mesma canção que marcou o verão em que se apaixonou loucamente pela mulher que se tornou sua esposa, é provável que nunca conseguíssemos tirar de seu rosto aquele sorriso que estimula o sistema imunológico. Linda, no entanto, outra participante do estudo, talvez começasse a chorar, pois durante o mesmo verão seu tio predileto morreu depois de uma longa doença debilitante.

A composição do experimento
Tudo indicava que tínhamos um problema sério, pois melodia nenhuma jamais satisfaria nossos critérios rígidos – música que não evocasse sentimentos específicos e fosse a única variável do estudo – a menos, é claro, que compuséssemos a nossa.

E foi o que fizemos. Resolvemos pedir a colaboração de um teórico de música. Nós queríamos, como explicamos a ele, uma melodia, não desejávamos uma série de sonatas com múltiplos movimentos, e sim apenas uma progressão harmônica pura de notas repetidas muitas e muitas vezes durante trinta minutos. Nosso colega nos apresentou uma peça semi-instrumental, linda quando interpretada no piano, que ninguém ouvira antes, com harmonização de quatro partes de notas ascendentes e descendentes, baseada em melodias corais de Bach e tocada na clave muito simples de dó maior. Ele escolheu esse estilo por um motivo específico. Entre os compositores eruditos, Bach é mais familiar a um grande número de pessoas, independentemente da cultura e do grau de instrução, do que qualquer outro na história da música.

Estávamos, portanto, prontos – ou pelo menos era o que pensávamos. Tudo quanto precisávamos era de dois grupos de pessoas: um para ouvir nossa música e outro para ficar sentado em silêncio durante trinta minutos. Mas nos ocorreu a idéia de que talvez qualquer coisa a que expuséssemos nossa platéia pudesse influenciar, de alguma forma, seus parâmetros imunológicos. Resolvemos acrescentar um terceiro grupo de participantes e alterar apenas uma variável: a clave musical ou, para ser mais precisos tecnicamente, seu modo. As pessoas do terceiro grupo ouviram exatamente a mesma seqüência de notas, mas em dó *menor*.

Por que dó menor? Bem, as músicas tocadas nas claves maiores soam tipicamente claras e vivas. Por outro lado, as músicas tocadas nas claves menores têm sons melancólicos e tristes. Talvez pudéssemos induzir certa diminuição da atividade imunológica com uma música de som triste.

Boas vibrações

Finalmente estávamos prontos. Tínhamos 25 pessoas para ouvir o solo de piano, 29 para ouvir seu equivalente em clave menor e 23 que se sentariam confortavelmente em silêncio durante trinta minutos. Antes do concerto imunológico, pedimos a todos que contribuíssem com uma amostra de saliva para uma contagem inicial de IgA que nos servisse de parâmetro. Fizemos a experiência de trinta minutos de concerto ou silêncio e imediatamente depois tiramos outras amostras de saliva.

Ao examinar os resultados, descobrimos que aqueles que saborearam os sons do silêncio não apresentaram mudança de mensurações imunológicas, mas aqueles que ouviram nosso clássico em dó maior mostraram aumento visível da taxa de IgA.

Não se tratava de mero acaso. Descobrimos, segundo análises estatísticas, que mesmo que fizéssemos esse estudo outras 10 mil vezes com 10 mil grupos diferentes obteríamos resultados semelhantes. Essa constatação dá uma boa idéia da importância de nossas descobertas. Apesar disso, resolvemos realizar o experimento todo outra vez, com outros grupos de pessoas, só para ter certeza.

Na segunda vez, confirmando as análises estatísticas, obtivemos exatamente os mesmos resultados: a audição da progressão harmônica em dó maior aumentou significativamente a quantidade de IgA. A mera exposição a vibrações sonoras influencia a produção de uma das mais importantes substâncias químicas do sistema imunológico. Imaginemos agora as ramificações incríveis dessa descoberta. Mas nosso entusiasmo foi reduzido por dezenas de questões que os resultados levantaram, como seria de esperar: quanto tempo dura o estímulo ao sistema imunológico? Será que outras formas de música têm o mesmo efeito? Será que a música que costumamos ouvir no rádio ou nos discos atua da mesma forma? E qual é exatamente a natureza de nosso ser psicofisiológico que possibilita a interação dos sistemas internos de defesa e dessas "boas vibrações" externas?

Certo dia, cerca de oito anos depois, fomos contatados por uma pessoa ligada à Muzak que ficara sabendo de nosso trabalho. A empresa, a primeira do ramo a vender a chamada música ambiente, achou que nossa pesquisa tinha interesse considerável e acreditava que algumas de suas composições poderiam gerar benefícios similares à saúde. Essa pessoa queria saber se faríamos o teste de IgA com algumas versões de músicas conhecidas da Muzak.

Nossa reação instintiva e imediata foi um enfático "não!". Que idéia pensar que músicas de elevador pudessem exercer alguma influência sobre o majestoso funcionamento interno que tínhamos passado a venerar com tanto fervor! Isso seria inaceitável. Bach era nosso sócio de valor nesse importante trabalho científico. Mas a Muzak?

No entanto, depois de refletir bastante sobre a proposta, o gosto estético e os padrões culturais deram lugar à curiosidade científica. Pedimos ao representante da Muzak que nos mandasse uma fita de trinta minutos da "música" que, segundo ele, poderia beneficiar o sistema imunológico. Logo recebemos uma fita cassete de meia hora, e a melhor forma de defini-la seria *jazz* suave. Mas era claramente reconhecível como produto da Muzak e trazia versões instrumentais de "Peaceful easy feeling", do Eagles, e "What's going on?", de Marvin Gaye.

Para nos manter em terreno científico sólido e seguro, queríamos dobrar o número de grupos de controle. Sim, introduzimos um grupo de pessoas que ficavam sentadas numa sala silenciosa. Mas também queríamos que algumas pessoas ouvissem meia hora de outra fita de *jazz* suave diferente das versões da Muzak e gravada diretamente de programas de rádio. Além disso, para abrir espaço à possibilidade de que *qualquer* estímulo auditivo tenha influência sobre as substâncias produzidas pelo sistema imunológico, resolvemos acrescentar outro grupo de pessoas que ouviriam uma série inócua de zumbidos e outros sons. Como antes, coletamos um pouco de saliva de todos antes e depois do experimento para obter medidas da IgA. Eis aqui o que documentamos:

- ◆ No grupo de zumbidos, a IgA caiu em média 19,7%.
- ◆ Aqueles que ficaram na sala silenciosa não tiveram praticamente nenhuma alteração da IgA.

◆ As pessoas que ouviram a fita de rádio mostraram aumento médio de 7,2% da produção de IgA.
◆ Entre os ouvintes da Muzak, a IgA saltou para a média de 14,1%.

Como já havíamos descoberto, o silêncio não ajuda a saúde. Isso estava claríssimo. Não atrapalha, mas também não ajuda. Tudo indica que sons dissonantes e sem melodia enfraquecem a atividade imunológica. Ouvir músicas de uma estação de rádio que toca *jazz* suave parece melhorar um pouco os parâmetros imunológicos. Mas a Muzak dobrou o efeito da música comercial sobre a melhoria da atividade imunológica e produziu um resultado estatisticamente significativo.

Um Estímulo Musical?

Embora os resultados do experimento com a Muzak fossem coerentes com os obtidos no trabalho inicial, ainda não respondiam à maioria de nossas perguntas. Louis Armstrong e John Coltrane também podem juntar-se às nossas "bachianas" para aumentar a imunidade, mas quem mais poderia tocar ao lado desses astros? Será que Led Zeppelin poderia participar? E L.L. Cool J. e Neil Young? Haveria espaço no palco para Kenny Rogers e Madonna? E Frank Sinatra? Além disso, será que toda essa trabalheira valeria a pena? Quanto tempo exatamente dura esse estímulo à saúde? Uma hora? Um dia? Será que deveríamos tomar injeções regulares de música? O que ativa realmente o sistema imunológico – a redução do estresse ou a melhora do humor tem a batuta na mão ou será que existe um processo fisiológico mais direto em ação? Enquanto nos preparávamos para o terceiro experimento, em 1997, apostamos nossas fichas na melhora do humor e na redução do estresse.

Do ouvido à imunidade

Como podem moléculas aéreas que vibram – e, no fundo, é isso que define todo som e toda música – regular a produção de substâncias bioquímicas? Esse campo de investigação ainda é novo demais para explanações definitivas. Apesar disso, a ciência tem alguns palpites preliminares bem fundamentados.

Alguns elaboraram a teoria de que todas as nossas células reagem, positiva ou negativamente, a diferentes vibrações sonoras. Afinal de contas, o corpo sintoniza realmente certos ritmos. O batimento cardíaco e a respiração, por exemplo, tendem a sincronizar-se com o ritmo de qualquer som que ouvimos. É também verdade que certas músicas nos deixam felizes e satisfeitos, o que, por sua vez, desencadeia a produção dos peptídios opióides que nos dão a sensação de bem-estar.

Sabemos ao certo que o som desencadeia e influencia certas projeções nervosas em todas as áreas do cérebro. Tal afirmação só faz sentido se essas áreas também forem sensíveis ao som. Na verdade, a parte do cérebro (o hemisfério direito) estimulada pela música é a mesma que tem grande responsabilidade na redução da atividade do sistema imunológico. De uma forma ou de outra, a música deve servir como amortecedor da desativação do sistema imunológico.

Como descobrimos depois, estávamos errados. A música não diminui o estresse nem torna os ouvintes mais felizes porque nenhum dos participantes se declarou estressado nem infeliz – para começo de conversa. Mas a música aumentou real e radicalmente a contagem de IgA.

Tocamos algumas canções contemporâneas de *rock* suave produzidas pela Musak, entre as quais algumas de Amy Grant, Lyle Lovett, Sting e Alanis Morissette, para nossos ouvintes, e havia desta vez apenas um grupo na sala silenciosa. Como antes, todos deram amostras de saliva imediatamente antes e após a sessão, mas pedimos que voltassem uma hora depois e ainda outra vez, três horas mais tarde, para deixar novas amostras. Para finalizar, em cada visita também pedimos a todos para indicar, numa escala de 1 a 10, quanto estavam felizes ou tristes, assim como o grau de estresse ou relaxamento que sentiam. Acabamos descobrindo que ninguém, nem antes do experimento nem três horas depois, estava minimamente mais nem menos infeliz. E também ninguém estava menos tenso antes nem depois. Ao entrar e ao sair, eram todas pessoas relativamente felizes e relaxadas.

Esse fato tornou os resultados ainda mais surpreendentes e fascinantes porque poderíamos atribuir – com bastante segurança – qualquer alteração significativa da contagem de IgA da saliva àquilo que os participantes estavam (ou não) ouvindo. Os participantes que não ouviram nada não mostraram nenhuma alteração digna de nota nos parâmetros imunológicos imediatamente depois da meia hora inicial. O que não é de surpreender, dada nossa pesquisa anterior. Mas, entre os ouvintes de *rock* suave, a IgA teve um salto de 27%. Esse aumento, embora fosse o dobro do registrado no experimento anterior, era esperado. O que realmente nos deixou perplexos foram as alterações imunológicas documentadas nas três horas seguintes.

Uma hora depois, a contagem de IgA dos ouvintes de música tinha voltado ao normal, sendo basicamente a mesma de antes do experimento. Três horas depois, a contagem continuava inalterada. Agora vamos falar dos dados relativos ao acompanhamento das pessoas que ficaram sentadas em silêncio durante trinta minutos. Uma hora depois, sua contagem de IgA caiu abaixo da registrada antes do início do experimento. Três horas depois, a mesma contagem despencou ainda mais. Como os participantes foram distribuídos aleatoriamente entre os dois grupos, a probabilidade de que todas essas pessoas tenham feito coisas diferentes durante as três horas seguintes ao experimento que provocassem a queda da contagem de IgA está próxima da impossibilidade estatística.

O que está por trás da música

Tínhamos vários resultados fascinantes a explicar e vamos falar deles um a um.

Um estímulo daqueles. Em termos da elevação de um parâmetro imunológico básico, será o rock suave melhor que o jazz suave? Os participantes do estudo podem gostar mais de ouvir tanto um quanto o outro estilo musical. Gêneros diferentes de música podem ter influência positiva, mas talvez não no mesmo grau do gênero preferido.

Um efeito de vacina. Note-se que a contagem de IgA de ambos os grupos de participantes caiu uma hora depois do experimento. O que eles fizeram durante esses sessenta minutos, seja o que for, levou à redução da IgA. A diferença foi o fato de que a contagem dos ouvintes voltou ao normal, enquanto a dos que ficaram em silêncio caiu muito abaixo do normal. Três horas depois, as pessoas que tinham ficado em silêncio continuaram a apresentar declínio da IgA, enquanto as outras mantiveram a contagem obtida antes do experimento. A música pode não ter elevado a produção de substâncias imunológicas por muito tempo, mas toda ajuda conta, e ela certamente parece ter vacinado os ouvintes contra um declínio inevitável no decurso do dia. Tudo indica que precisamos de uma injeção de reforço (talvez de Countie Basie) de hora em hora para manter nossas defesas naturais no auge de seu funcionamento.

A relação com o estresse. As pessoas que participaram de nosso estudo não estavam tensas nem nervosas – afinal de contas, eram estudantes –, de modo que não parece provável que a capacidade da música de reduzir o estresse e melhorar o astral tenha desempenhado papel importante na elevação da taxa de IgA. Simplesmente essa não foi uma variável considerada no estudo. Isso não significa que a música não diminua a tensão e não melhore o desempenho do sistema imunológico. Na verdade, foi em torno dessa questão que girou nosso estudo seguinte.

O Poder das Preferências

Quando falamos de preferências, queremos dizer tudo aquilo de que você gosta, que lhe agrada ou lhe dá prazer. Esse componente individualizado é muito importante porque está no cerne da maioria das preferências. E as preferências são cruciais para determinar o que é saudável ou não para nosso sistema imunológico. Sem dúvida, quando dizemos que a música é uma variável que atua sobre o sistema imunológico, achamos que a preferência desempenha aí um papel vital. Embora nesse caso não tenhamos evidência direta, muitos estudos documentam a importância da preferência musical na condição de variável influente sobre estados positivos como o relaxamento e o bom humor.

Este parece, portanto, um bom momento para examinar as preferências mais de perto. Elas são inatas, adquiridas ou determinadas por contextos ou situações. Nossas preferências inatas estão em geral ligadas muito intimamente a nossas necessidades de sobrevivência. O melhor desempenho do organismo se dá numa atmosfera rica de oxigênio e, por esse motivo, essa atmosfera é a nossa preferida. Por isso também passamos mal em altitudes onde o ar é rarefeito. Comemos alimentos que temos condições de digerir e dos quais podemos extrair nutrientes. Por isso, quando sentimos fome, preferimos um *cheeseburger* a uma pedra. Quando sentimos sede, preferimos um refresco a um *cheeseburger* e quando sentimos desejo sexual provavelmente vamos preferir alguém do sexo oposto. Essas preferências estão todas ligadas à sobrevivência do indivíduo e da espécie, de modo que apresentam componentes inatos mais fortes. Mesmo assim é preciso notar que nem tudo é determinismo genético. Nem todas as pessoas preferem o sexo oposto, e as nuances de preferências para satisfazer a necessidade de alimento e água são inumeráveis, variando da água ao vinho e de morangos a estrogonofe de carne. Na verdade, a maioria das preferências pessoais é adquirida, mas algumas delas têm influências biológicas inatas muito sutis e intencionais, derivadas dos primeiros estágios de desenvolvimento.

Vamos examinar as preferências alimentares. Logo no começo da vida temos preferência inata por sabores doces. Por quê? Provavelmente porque não queremos que o Júnior cuspa o colostro de sabor doce (o precursor do leite materno), que fornece nutrientes importantes e bombeia IgA no organismo – e ambos os fatores têm grande valor em termos de sobrevivência. Mas por que esse gosto pelo doce persiste em tanta gente? Talvez isso se deva apenas a uma exposição prematura ou à associação com a mãe ou ainda ao conforto da satisfação das necessidades. Obviamente, essa associação é crítica no processo de modelagem das preferências.

E quanto à atração física entre as pessoas? Será que existem componentes inatos? Provavelmente. A simetria facial é uma variável que tem relação positiva com a atração. É indício de mais saúde e de genes melhores. Uma diferença de trinta centímetros entre as medidas do quadril e da cintura das mulheres tem relação positiva com a atração. Essa diferença também se relaciona positivamente com a facilidade de ter filhos – sobrevivência da espécie. E, no capítulo 5, você vai encontrar informações que sugerem a possibilidade de os indivíduos que têm sistemas imunológicos complementares se sentirem atraídos uns pelos outros – uma vantagem para a sobrevivência da prole.

Existem outras razões estranhas na base biológica das preferências. Falamos, também no capítulo 5, de macacos que foram prematuramente separados das mães. Entre os seres humanos, esse tipo de separação leva a uma grande preferência pelo álcool na vida adulta como automedicação contra o estresse.

Vamos ver mais de perto as variáveis que influenciam as preferências musicais. No início da vida, há preferência por vozes mais agudas – como a da mãe, claro. E, já que as preferências costumam abrir um sorriso no rosto, essa é recompensa da atenção que a mãe dá e, por isso, a torna mais provável, pois tem valor de sobrevivência.

Agora considere a noção de que a maior parte da música que ouvimos tem de setenta a oitenta pulsações por minuto. Será por acaso ou será porque essa faixa abrange a média típica de batimentos cardíacos? A música que tem cerca de sessenta pulsações por minuto é relaxante, ao passo que a música de noventa pulsações por minuto é estimulante (sessenta batimentos são um ritmo cardíaco lento e noventa são um ritmo acelerado). E o conceito de absorção, em que as vibrações físicas do ar afetam os sistemas do organismo para sintonizá-los? Será mera coincidência ou será que isso afeta nossas preferências musicais? Achamos que esse é provavelmente um fator crítico. Alguns estudos mostram que, ao nascer, temos afinidade com o ritmo cardíaco. Chegamos até a preferir o seio esquerdo da mãe durante a amamentação porque ele transfere melhor a sensação produzida pela batida do coração dela.

Parte de nossas preferências musicais provavelmente tem, por conseguinte, raízes biológicas, mas é claro que a oportunidade de fazer associações e o condicionamento pavloviano são determinantes potentíssimos, para não falar de preferências inerentes às situações. Será que a maioria das pessoas gostaria de ouvir música fúnebre num casamento ou a canção "Staying alive" num enterro?

É óbvio que a combinação de preferências inatas, adquiridas e ditadas pela situação torna cada indivíduo imensamente complexo nesse sentido. A preferência musical não é exceção, mas aparenta ser uma variável crítica na determinação dos efeitos que exerce sobre o sistema imunológico. Felizmente, as pessoas em geral preferem a música ao silêncio ou a sons desarmônicos no que diz respeito à melhoria do sistema imunológico.

Assobiar (e Ouvir) Enquanto Você Trabalha

O que aconteceria em termos de fortalecimento imunológico se inúmeras pessoas elétricas e estressadas ouvissem música? Que alterações haveria na contagem de IgA, com a passagem do tempo, entre diferentes faixas etárias e em situações do mundo real? Em 1997 e 1998 tivemos a oportunidade de descobrir as respostas num ambiente que acaba com os nervos de qualquer pessoa: uma redação de jornal barulhenta, opressiva, apressada, frenética, onde ninguém pára um minuto sob a tensão de um prazo que está sempre se esgotando. Segundo qualquer definição, um ambiente estressante de panela de pressão. Dez novos jornalistas, cinco homens e cinco mulheres, entre 23 e 38 anos, apresentaram-se como voluntários de nosso estudo. Antes de ligar a fita de *jazz* suave, retiramos amostras de saliva de todos os participantes com meia hora de diferença para ver se a IgA sofreria alterações naturais em determinado período de tempo. Depois pedimos a todos os jornalistas para dar nota a seu nível de estresse. Ligamos o gravador e, quando a fita terminou, recolhemos duas vezes as amostras de saliva, também com trinta minutos de diferença entre os dois procedimentos, e depois pedimos aos repórteres para avaliar o próprio estresse.

O que aconteceu aos jornalistas de nervos em frangalhos? Documentamos dois resultados bem surpreendentes. Primeiro, os níveis de estresse não mudaram na meia hora anterior ao início da sessão musical. Mas, quando a fita terminou, o nível médio de tensão caíra substancialmente e assim continuou durante os trinta minutos seguintes. Em segundo lugar, a contagem de IgA caiu ligeiramente durante o tempo necessário para os sons do *jazz* suave se fazerem ouvir na redação, mas aumentou visivelmente depois que a música terminou e continuou subindo nos trinta minutos subseqüentes.

Seria de esperar que, com o esgotamento do prazo, os níveis de estresse aumentassem muito e a IgA sofresse uma queda, se não enquanto a fita rodava, ao menos depois que parou. Mas aconteceu exatamente o contrário, e o único fator que poderia ter interferido nisso foi a música. Ela produziu redução evidente do estresse e aumento óbvio de um elemento básico da saúde imunológica.

Saia da concha

Crianças com autismo, problema cada vez mais ligado a inúmeros fatores imunológicos, comportam-se melhor e têm mais êxito em tarefas que envolvem a capacidade espacial, como construção com blocos de madeira, quando ouvem música antes, segundo os mesmos resultados, muito preliminares, de nosso mais recente estudo com um pequeno número de participantes.

Numa série de sessões feitas no decorrer de alguns meses de 2000, supervisionamos duas crianças autistas – um menino de 4 anos e uma menina de 6 – na execução da tarefa de reconstituir várias construções com blocos de madeira. Às vezes precedíamos a sessão com dez minutos de silêncio, às vezes tínhamos dez minutos de música suave e relaxante antes da sessão e, às vezes, tocávamos dez minutos da "Sonata em ré maior para dois pianos", de Mozart.

Em comparação com o desempenho delas depois de ficar dez minutos em silêncio, a capacidade das crianças de recriar as construções de blocos de madeira (um reflexo de sua capacidade espacial) melhorou após a audição de ambas as seleções musicais, e Mozart chegou ao topo da hierarquia de melhor estímulo ao desempenho. Além disso, as sessões de música coincidiram com a redução de incidentes de comportamento inadequado, como bater palmas e demonstrar atitudes agressivas (reações típicas de algumas crianças autistas).

Um dilúvio de evidências relaciona o autismo ao sistema imunológico como possível fator causal em vários aspectos, entre os quais a insuficiência de certos componentes imunológicos e a provável presença de microorganismos que invadem o sistema imunológico do cérebro. Quanto a nosso estudo com os blocos de construção, a ciência sabe que o circuito nervoso envolvido no raciocínio espacial ocorre principalmente no hemisfério direito do cérebro – a mesma região estimulada quando se ouve música e a parte responsável pela redução da imunidade. Coincidência? Talvez, mas achamos que não. É mais provável que a música estimule o hemisfério direito do cérebro e de alguma forma amorteça a desativação do sistema imunológico – um benefício extra.

Por que a contagem de IgA continuaria aumentando na redação, e não entre os participantes de nosso estudo anterior? Não sabemos ao certo. Talvez o tipo de música (*rock* suave *versus jazz* suave), as diferenças de idade, o ambiente (mundo real *versus* ambiente clínico) ou a interação com o estresse (ou a falta dela). Achamos que esse aumento prolongado se relaciona à influência persistente da redução do estresse.

Acompanhe seu Ritmo

Fomos pioneiros no estudo da influência da música sobre componentes do sistema imunológico. Nos anos que se passaram desde nosso primeiro estudo, em 1988, só uns poucos pesquisadores se deram ao trabalho de juntar-se ao grupo, em geral relacionando a música a outras técnicas de redução do estresse, como relaxamento, visualização ou manipulação do humor. Eles descobriram que a música, ao menos em parte, pode estimular o sistema imunológico a liberar não só IgA mas também linfócitos, neutrófilos e interleucina-1.

Outros estudos confirmam indiretamente o benefício imunológico da música demonstrando a existência de seu efeito sobre os estados emocionais, que, como todos sabem, enfraquecem nossas defesas naturais. Um estudo de 1998, por exemplo, realizado com 194 pessoas selecionadas entre grupos freqüentadores de igrejas de sete cidades dos Estados Unidos, concluiu que Mozart altera o humor reduzindo a tensão e que o *heavy metal* de Pearl Jam estimula a agressividade. Dividindo os participantes do estudo entre adultos e adolescentes, pesquisadores do Instituto do Coração de Boulder Creek, na Califórnia, descobriram que o "Concerto para piano em ré maior", de Mozart, e suas *Seis danças alemãs* reduziam o cansaço, a tristeza e a tensão significativamente – em todas as faixas etárias. A audição de músicas do álbum *Vitalogy*, de Pearl Jam, aumentou o cansaço, a tensão e a hostilidade – estados que em geral reduzem a imunidade –, nesse caso também tanto entre os adolescentes quanto entre os adultos.

As descobertas da pesquisa sobre o impacto de outros tipos estimulantes de música (tudo quanto se aproxima de noventa pulsações por segundo) mostraram-se indefinidas. Um estudo de 1976 concluiu que a música estimulante aumenta a preocupação e a emotividade. Outros estudos descobriram que ouvir música estimulante pode melhorar o humor e diminuir a apatia. Foi o caso de um experimento inglês de 1998, realizado no Hospital Maudsley e na Escola de Enfermagem do Centro Médico da Rainha, da Universidade de Nottingham, que examinou os efeitos da música de discoteca, do *heavy metal,* do *rap* pesado e daquilo que foi definido como música dançante "pauleira" por um grupo de estudantes universitários.

Como não somos particularmente apaixonados por música dançante, *rap* e discoteca, talvez não entendamos por que esses tipos de música fortaleceriam o sistema imunológico. Mas confiamos nos resultados do estudo. É mais uma evidência a comprovar. Se você gosta de música, ela o fará sentir-se melhor, e isso provavelmente ajudará seu sistema imunológico a funcionar com mais eficiência.

Embora a pesquisa limitada confirme o que já tínhamos descoberto, ninguém ainda explicou como nem por que a música melhora a imunidade (veja o quadro "Do ouvido à imunidade", neste capítulo). Na prática, isso não tem muita importância – a música fortalece as defesas internas do corpo. Assim sendo, ligue seu aparelho de som, tire aqueles discos antigos da prateleira e dê a si mesmo uma boa dose de imunidade com um pouco do bom e velho *rock-and-roll.*

Ligue-se...
...à música

"'Idiotas', disse eu, 'vocês não sabem. O silêncio cresce como um câncer'", cantam Simon e Garfunkel em "The sounds of silence". O silêncio não mata, é claro, nem estimula o crescimento de um tumor, mas também não é agradável nem, evidentemente, é um estimulante do sistema imunológico como uma boa seqüência de músicas. Nossa vida é cheia de dissonâncias. Em nome da estabilidade e da sanidade, precisamos de uma melodia contínua, rítmica, daquelas que não saem da cabeça, ressoando em nosso corpo. A música é a resposta.

Agrade-me, eu agradeço. De que tipo de música você gosta? Da música que o atrai e agrada. Pode ser um estribilho ou refrão contagiante, fácil de lembrar. Talvez seja a harmonia resultante das vibrações melodiosas das teclas de um piano. Talvez seja a massagem romântica das cordas de um violino ou os sons secos e agudos de uma guitarra elétrica. Talvez seja ainda o som primitivo e tribal de um tambor, um trompete queixoso, comovente, ou o lamento solitário e emotivo de uma gaita. Seja o que for, alguma coisa dentro de você é atraída por certos sons e acordes. Isso pode levar outras pessoas a fazer caretas e tapar os ouvidos, mas você gosta e curte. A preferência musical é diferente em cada um de nós. Se a música deixar você feliz, certamente será uma influência positiva para seu sistema imunológico.

Ligue o som, sintonize, mude de estação. Ouça a música de que você gosta. É ótimo sintonizar sua estação de rádio predileta, mas é decisivamente melhor passar para outra quando ouvir uma canção que não aprecia. Escolher a música permite que você controle seu ambiente, o que é benéfico para seu sistema imunológico.

Sob medida. Ouvir rádio é bom, mas é melhor ainda você mesmo escolher as músicas. Em comparação com o rádio apenas, tocar os próprios discos e fitas pode estimular ainda mais seus parâmetros imunológicos. Por quê? Repetindo: porque você gosta particularmente dessas músicas e pode controlar o que ouve. Além disso, a seqüência não é interrompida por comerciais nem por notícias.

É melhor fazer umas comprinhas. Escolha um dia qualquer, talvez um sábado ou domingo de chuva, e vá ao *shopping center* ou a sua loja de música favorita. Faça um presente a si mesmo comprando alguns discos de que você goste muito e sempre quis ter. Por si só, a compra dessas coisas levanta qualquer astral. Que os homens não se enganem: eles também adoram fazer isso. Depende apenas do tipo de compra.

Barganhas e pechinchas. Os clubes de livro são um barato. As reuniões na casa de alguém para comprar coisas também são um barato. Mas trocas regulares de CDs e fitas entre amigos são formas excelentes de expandir os horizontes auditivos. Troque CDs e fitas cassete com seus amigos e conhecidos. Participe de grupos de discussão da internet dedicados a seus músicos prediletos. Cultive amizades por *e-mail* com almas gêmeas que gostam de discutir certos artistas e também de trocar arquivos musicais.

Acorde ao som de sua música predileta. Comece o dia com uma dose de estímulo a seu sistema imunológico. Arranje um *CD-player* com despertador que lhe permita programar a primeira música que você vai ouvir de manhã. Saúde o dia com a música que mais lhe faz bem.

Mas não seja escravo do relógio. O ritmo, a altura, o timbre e o tom da música, seu estilo e sua melodia – são variáveis que fazem parte do prazer que a música lhe dá, de seu efeito emocional sobre você e, por conseguinte, do impacto sobre seu sistema imunológico a qualquer hora do dia ou da noite. Faça experiências com a programação musical baseando-a na hora do dia, em seu estado de espírito e no que está fazendo. Mas não deixe que os *Noturnos* de Chopin sejam a primeira coisa que você ouve de manhã. Ao acordar, ponha algo mais energético para tocar. Alimente o fogaréu do meio-dia com música ainda mais energética e prazerosa. Se não estiver fazendo esforço físico enquanto ouve suas músicas favoritas, você pode jogar lenha na fogueira com um pouco de música erudita caso fique atolado em atividades mais intelectuais. No fim do dia, comece a relaxar com um pouco de música romântica e ouça os *Noturnos* de Chopin uma hora antes de ir para a cama.

Personalize seus concertos. Grave suas músicas favoritas num equipamento de fita cassete, de CD, num aparelho de MP3 ou no computador. Uma fita, um CD ou programa pode consistir inteiramente de música relaxante, que vai ajudá-lo a desanuviar a cabeça depois de um dia daqueles. Outro pode conter músicas mais estimulantes e alegres ao som das quais você faz sua ginástica ou limpa a casa. Deixe que suas preferências o guiem. Tudo quanto precisamos dizer é que a música com sessenta batidas ou menos por minuto relaxa, ao passo que a música com mais de noventa batidas por minuto estimula a energia.

Ouça música antes da labuta de cada dia. Ouça a fita, o CD ou a estação de rádio de sua preferência a caminho do trabalho. Um estudo comprovou que ouvir música que dá prazer deixa as pessoas prontas para o dia de trabalho. Esse é também o café da manhã dos campeões imunológicos.

Não deixe seus nervos em frangalhos. Se você trabalha num ambiente barulhento, peça a seu chefe para ouvir música com um par de fones de ouvido. Se ele não permitir, arranje dois tampões de ouvido. O barulho acaba com os nervos de qualquer pessoa.

Aprenda a tocar um instrumento. Você não precisa transformar-se num virtuose. Guitarra ou violino, gaita, bateria ou qualquer coisa que você prefira: aprenda a tocar um instrumento musical. Todos temos música dentro de nós, e soltar a voz só pode lhe fazer bem.

Seja bem seletivo. Ouça músicas associadas a acontecimentos positivos e felizes de sua vida. Não escolha aquela canção que estava tocando no bar quando o amor de sua vida desmanchou o namoro com você.

Escute a mensagem secreta. Não, não estamos falando de tocar discos no sentido inverso para ouvir ordens satânicas nem descobrir algum segredo de Paul McCartney. Estamos falando das vantagens do condicionamento deliberado entre determinadas músicas e certos estados emocionais. Toque uma de suas músicas relaxantes preferidas e sente-se ou deite-se, feche os olhos e entre em estado de relaxamento profundo. Respire profunda e lentamente, relaxe gradativamente os músculos, medite, faça o que bem entender. Mas faça repetidamente, uma, duas, dez vezes ou mais. Com o tempo, você vai acabar associando essa música com paz e relaxamento. Toda vez que a ouvir, mesmo que não esteja deitado no sofá, sua tendência será acalmar-se e relaxar automaticamente os nervos. Depois que sua mente aprender a fazer a associação, você poderá beneficiar-se desse condicionamento sempre que for necessário: antes de uma importante apresentação de vendas, antes de convidar aquela pessoa especial para jantar, a caminho de uma entrevista de emprego – sempre que precisar combater o estresse.

Dance conforme a música. Sapateie. Bata os pés no chão. Tamborile no volante. Sacuda a cabeça em sintonia com o ritmo. Dance na rua. O movimento ajuda a combater a depressão. O exercício é bom, é uma forma de relaxar os músculos enrijecidos pelo estresse. Se você tem um amor em sua vida, ouça "When a man loves a woman" e dance juntinho com ele. Convide alguns casais para um jantar maravilhoso, depois enrole o tapete e toque música dançante. Se não houver ninguém em sua vida agora, não se preocupe. Ouça música estimulante e dance, dance, dance!

Cante. Como no caso da dança, cantar torna o envolvimento emocional com seu parceiro maior ainda e traz mais estímulos (tanto vocais quanto imunológicos). Isso é mera especulação, mas achamos que a combinação de música e canto pode ser particularmente boa para sua saúde imunológica. Cante no chuveiro. Cante na chuva se quiser. Cantar na chuva pode ser uma bela homenagem a Gene Kelly.

Capítulo 5

O prazer do toque

Amor, sexo e apoio social

Não devemos sufocar os desejos. Eles são poderosos estímulos da criatividade, do amor e de uma vida longa.
Alexander A. Bogomoletz, cientista e acadêmico ucraniano

Você tem um amor em sua vida? Ele lhe dá apoio emocional? Seu companheiro é amoroso e afetivo? Como anda sua vida sexual? Você é divorciado? Tem intimidade com seus pais? Quantos amigos tem e com que freqüência se encontra com eles? Pode apelar para eles, pode contar com eles quando a vida fica difícil?

O que a vida sexual tem a ver com a cordialidade de um convite para tomar café? Diferem em grau e forma, mas ambos são expressões de amor e apoio emocional.

Namorados, amigos e familiares podem realmente nos levar à loucura algumas vezes, mas precisamos deles. A vida se torna melhor e somos mais felizes e saudáveis quando temos entes queridos perto de nós. Sem dúvida também precisamos de algum tempo de isolamento, mas a solidão crônica, experimentada por milhões, pode ser realmente um risco à saúde associado à incidência mais freqüente de doenças e à probabilidade maior de morte. O amor e a vida num contexto social de amigos e familiares melhora a saúde e aumenta as chances de recuperação de uma enfermidade. Nem sempre conseguimos um estímulo que favoreça a atividade imunológica, mas as recompensas que isso traz para a saúde são inteiramente claras.

Imunidade Social: Segurança em Termos de Saúde

Pedimos desculpas antecipadas a Carole King e a James Taylor por parafraseá-los, mas quando está deprimido, cheio de problemas e precisa de uma mão amiga, quando parece que nada vai dar certo, você necessita de um amigo. Melhor ainda: de amigos. Você tem pessoas com quem pode contar, com quem conversar, pessoas que, apesar de suas dúvidas, lhe dizem que tudo vai acabar bem? Isso é apoio emocional, e pode vir de qualquer fonte – um namorado, pai ou mãe, amigos, vizinhos, conhecidos da academia ou do clube de campo, membros de um grupo religioso, colegas de trabalho, a turma do boliche, até mesmo amigos aparentemente virtuais da internet.

Quanto maior for sua rede de apoio tanto melhor ficará sua saúde, segundo numerosas investigações científicas. O apoio social estimula um grande número de componentes do sistema imunológico e prolonga a sobrevivência às doenças mais letais, dos males cardíacos ao câncer e à Aids. A medicina tem uma documentação sólida sobre o valor do apoio social ao menos desde a década de 1960, quando Lisa Berkman, Ph.D., da Universidade da Califórnia, comparou o estado de saúde de mais de 7 mil homens e mulheres do município de Alameda, no mesmo estado, com a extensão de sua rede de apoio social. Com a ajuda de familiares, de amigos ou da igreja, as pessoas que mantinham menos interações individuais tinham de duas a três vezes mais probabilidade de morrer nos nove anos seguintes de câncer, doença cardíaca ou de muitas outras enfermidades. Essa já é, por si só, uma evidência convincente, mas adquire maior peso depois de um exame mais detalhado. O número de vínculos sociais foi um indicador estatístico mais acurado que os fatores aparentemente mais cruciais: idade, situação médica, consumo de álcool e até de cigarros.

Uma longa lista de outros estudos apresenta conclusões semelhantes. Pode parecer um tanto piegas hoje em dia, mas Barbra Streisand estava certa quando cantou "People": as pessoas que realmente precisam (e procuram) outras pessoas são as de mais sorte no mundo – e as mais saudáveis.

A doença e o rato de laboratório

Quando se trata de rede de apoio, não há basicamente nenhuma diferença entre nós e nossos congêneres do reino animal. Os roedores também precisam de amigos. Como demonstrou uma série de estudos, os ratos combatem melhor o câncer quando interagem de forma saudável com outros ratos. Os pesquisadores injetaram em alguns desses roedores uma substância que gera tumores e depois manipularam suas condições de vida. Alguns estavam sozinhos; outros viviam na atmosfera aconchegante de um grupo de animais. Os ratos acostumados à confraternização desenvolveram invariavelmente tumores maiores depois de serem levados para suas moradias individuais – e solitárias. Os que viviam sozinhos originalmente, mas depois foram levados para junto de seus pares, tiveram os menores tumores. O crescimento dos tumores permaneceu mais ou menos na média desses dois extremos no caso dos roedores que ficaram o tempo todo sozinhos ou que viveram com os demais durante todo o tempo.

Não é apenas a existência de interação social que melhora a saúde e detém o câncer. É a qualidade da interação social. Como seria de esperar, viver com outras pessoas é uma coisa, viver com outras pessoas em ambiente de estabilidade e paz é outra bem diferente. Estudos feitos com ratos mostram que viver num ambiente hostil e ameaçador na verdade promove o crescimento dos tumores, enquanto viver em harmonia com os semelhantes diminui a velocidade da propagação do câncer. Pode-se e deve-se esperar o mesmo no caso de nossas relações sociais. Quando são boas, fazem muito bem à saúde. Quando são ruins, afetam adversamente o organismo.

Uma Coisa Esplendorosa

Os poetas sempre falaram disso. Os músicos compõem canções a esse respeito. Quantas músicas ou poemas já foram dedicados a carros, à política ou a equipes de basquete? Bem poucos, com certeza, pois a vasta maioria fala de amor, de declarações de amor, da perda do amor, das ilusões e dos enganos do amor e da necessidade de escolher entre dois amores. Sem as canções de amor, as estações de rádio ficariam praticamente em silêncio. Todos nós queremos encontrar o amor. Inúmeros volumes já foram escritos sobre os aspectos psicológicos e emocionais do amor, mas só recentemente alguns pesquisadores começaram a considerar seus efeitos fisiológicos. Não há dúvida de que ocorre algo físico quando sentimos ou expressamos amor. Ficamos com todas aquelas vagas sensações de calor interno. O coração dispara, os olhos brilham, as palmas das mãos ficam úmidas e toda a elegância de James Bond praticada durante tanto tempo transforma-se, não se sabe bem como, em tolices desajeitadas assim que abrimos a boca. Mas o que exatamente acontece no plano fisiológico? Esse processo faz bem à saúde?

De modo geral, sim. As pessoas que amam tendem a viver mais e com mais saúde. Mas, como esse campo de pesquisa ainda está engatinhando, a ciência não pode apresentar nenhuma explicação sólida dos motivos disso. Uma das razões da falta de dados é o fato de que o amor é difícil de estudar. Você pode trancar pessoas numa sala e expô-las à música durante trinta minutos, mas não pode enfiá-las num quarto e pedir-lhes que "sintam amor" durante a meia hora seguinte. O outro problema é de definição: de que tipo de amor falamos? Do amor romântico, do amor entre os membros de uma família, do amor platônico entre bons amigos ou do amor altruísta de voluntários e pessoas que cuidam de seus semelhantes? Como saber se alguém está realmente apaixonado?

Poderíamos estudar pessoas casadas ou outros pares envolvidos em relações amorosas. Poderíamos supor que estão apaixonados. Mas como isolar o impacto do amor sobre a saúde? O casamento está (ou deveria estar) intimamente ligado ao apoio emocional e ao sexo. Como separar esses aspectos do amor? Não há dúvida de que existem casais que não dão apoio emocional um ao outro e não fazem sexo há anos – provavelmente também não se amam muito. O sexo talvez pudesse ser isolado, mas o apoio emocional não pode. É um componente intrínseco daquilo que definimos como amor.

Em geral, as pessoas bem casadas ou que mantêm outras relações amorosas íntimas são mais saudáveis que seus pares solteiros. Vivem mais. Apresentam atividade maior das células matadoras no sistema imunológico. O câncer não progride tão rapidamente em seu organismo. As boas relações afetivas servem como pára-choque a um grande número de doenças. Comparadas aos que vivem sozinhos, as pessoas que têm um par amoroso também passam melhor quando precisam ser hospitalizadas. Os diagnósticos são menos graves, recebem alta mais cedo e têm menos probabilidade de morrer durante a hospitalização. Há também menos probabilidade de ser internadas em casas de repouso após a alta.

É claro que duas alianças e um belo álbum de fotografias de casamento não garantem a saúde de ninguém. Quando a lua-de-mel termina, os casais têm de enfrentar os aspectos cotidianos da vida em comum. Só o fato de estar casado não é suficiente para promover a saúde. A pesquisa sugere que, na verdade, um casamento ruim ou brigas crônicas fazem mal ao sistema imunológico.

Sair de uma relação afetiva ruim (e entrar numa relação boa) pode ser uma das melhores coisas a fazer por sua sanidade mental e física. Mas as boas coisas não ocorrem logo e têm um preço, segundo Ronald Glaser, Ph.D., e Janice Kiecolt-Glaser, Ph.D., pesquisadores da Universidade do Estado de Ohio, nos Estados Unidos. Numa série de experimentos, o casal documentou grande número de problemas do sistema imunológico entre pessoas que passavam por situações de divórcio ou separação, dois dos episódios mais estressantes que se pode viver. A volta à normalidade, tanto em termos emocionais quanto imunológicos, quase sempre requer vários anos, e ter uma boa rede social de apoio ajuda a amortecer o golpe.

A perda de um amor e a perda da vida

Charles Schulz sucumbiu ao câncer na mesma noite em que sua última tira de *Peanuts (Minduim)* foi impressa. Um grande amor de sua vida "morrera". Todos já ouvimos histórias semelhantes de alguém que morreu pouco depois de um cônjuge ou companheiro de longa data. Parece que essas pessoas simplesmente perdem a vontade de viver. A morte do companheiro exaure toda a vida que há dentro delas. Não se trata de mera coincidência. Embora não se possa fazer nenhuma relação causal direta, a evidência estatística é sólida – e surpreendente.

A probabilidade de morte vai às nuvens depois da perda do companheiro. Na verdade, aumenta nove vezes nos doze meses seguintes ao evento, segundo estimativas – independentemente da idade e das condições de saúde. Cônjuges de luto, principalmente os homens, sofrem índices de doenças infecciosas maiores do que se poderia esperar. Cerca de 67% de todos os homens, segundo os cálculos de outro estudo, têm declínio de saúde no ano seguinte à morte das esposas. A tendência talvez não seja significativa se você tiver 35 anos e for relativamente saudável, mas pode ser a diferença entre vida e morte se já chegou aos 65 anos ou mais e sua saúde estiver em declínio.

Testes de laboratório documentam o declínio correspondente do vigor imunológico. A queda não é tão grande logo depois da perda de um ente querido, provavelmente por causa da onda de atividades e do consolo de amigos e familiares. Todo esse apoio social ajuda a amortecer o golpe violento contra o sistema imunológico. No entanto, de seis a oito semanas depois, a realidade da perda começa a calar no espírito. É exatamente então que perturbações específicas de praticamente todos os aspectos do sistema imunológico podem ser detectadas, segundo outro grupo de experimentos do doutor Glaser e da doutora Kiecolt-Glaser.

Qual é o fator ativo? É a perda do amor? É a perda da razão de viver? É a perda da experiência social a dois? É o estresse que acompanha a reviravolta de praticamente todos os aspectos da vida? A morte metafórica de uma relação afetiva com o divórcio certamente gera tensão, mas a morte literal do companheiro ou de outro ente querido muito próximo é o evento mais traumático e estressante pelo qual se pode passar.

Mães, pais e amor de macaco

Como foi que aprendemos a amar? Com nossos pais, evidentemente. Você é mais saudável quando aprende a ter relações amorosas íntimas com sua mãe e seu pai? Parece que sim. Um quarteto de pesquisadores de Harvard achou fácil fazer a correlação. No final da década de 1980, eles selecionaram aleatoriamente 126 homens que tinham sido alunos de Harvard no início da década de 1950. Depois lhes perguntaram qual fora o grau de afetividade e intimidade de suas relações com os pais desde a infância. E, por fim, examinaram o estado de saúde atual dos ex-alunos. Entre os homens que não desfrutaram relações muito íntimas com mães e pais, uma proporção impressionante de 100% recebeu o diagnóstico de alguma doença grave. Aqueles que mantiveram boas relações com um dos pais, mas não com o outro, estavam um pouco melhor: cerca de 75% tinham alguma doença grave. Entre os homens que cultivaram relações muito boas com ambos os pais, só 40% tinham problemas sérios de saúde. Esses números são da maior importância. Tudo indica que a qualidade do amor que houve entre nós e nossos pais quando éramos jovens afeta nossa saúde quando ficamos mais velhos.

Esse amor também pode influenciar a vulnerabilidade ao estresse e a predisposição ao vício. Nesse caso, lançamos mão de alguns experimentos com animais. Vamos começar com a noção de que o amor pode ser uma necessidade fisiológica tão básica quanto a comida. Essa foi a conclusão inesperada de estudos realizados na década de 1950 e de 1960 pelo psicólogo comportamentalista Harry Harlow, Ph.D., da Universidade de Wisconsin, também nos Estados Unidos. Na condição de behaviorista, ele acreditava, como o psicólogo norte-americano B.F. Skinner, que todo comportamento, inclusive o amor, era aprendido, adquirido em decorrência de recompensas e reforços positivos ou de estímulos negativos. Os bebês amam as mães, dizia ele, porque as mães os alimentam.

Em uma série de experimentos, o doutor Harlow deu a filhotes de macacos a opção de escolher entre duas "mães" artificiais. Uma era macia e coberta de panos; a outra era apenas um emaranhado de arames. Apesar de ambas fornecerem alimento, os filhotes ficavam o tempo todo agarrados ao pano macio. Na verdade, quando a mãe de arame dava a refeição, os filhotes corriam até ela, pegavam a comida e voltavam imediatamente para aquela que preferiam considerar sua "mãe". Para surpresa dos pesquisadores, a dependência de comida não é a razão pela qual passamos a amar nossa mãe.

Tudo indica que temos uma necessidade inata de aconchego e amor, e sua falta pode ter conseqüências horríveis. Essa conclusão parece lógica em razão dos experimentos feitos por dois pesquisadores do National Institutes of Health [Institutos Nacionais de Saúde]. Eles separaram quarenta filhotes de suas mães imediatamente após o nascimento, criando-os durante um mês num berçário especial para macacos. Em seguida, os filhotes foram criados em grupos de três. Enquanto isso, 57 outros macacos foram criados e alimentados naturalmente pelas mães. Depois de seis meses, os filhotes foram expostos ao estresse grave de uma breve separação das mães ou dos grupos de seus iguais. Todos os animais mostraram elevação do hormônio do estresse chamado cortisol, mas essa substância aumentou muito mais drasticamente naqueles que nunca tinham tido mãe. Talvez o fato de sermos criados sem amor, sugerem as conclusões desses experimentos, nos torne mais suscetíveis ao estresse.

Essa conclusão provisória foi confirmada por estudos subseqüentes realizados três e cinco anos depois. Os macacos, agora adultos jovens, foram postos numa sala onde podiam escolher entre água e álcool para beber. Em média, os macacos criados sem mãe beberam mais álcool que aqueles que se beneficiaram do fato de ter mães carinhosas e atentas. Além disso, os que apresentaram produção mais elevada de cortisol durante o experimento de separação anterior foram os que mais beberam álcool. Em outras palavras, a reação exagerada ao estresse fora um prenúncio do consumo de álcool posterior. Macacos não são gente, é óbvio, mas os resultados parecem convincentes. Aparentemente, é bem plausível que pessoas criadas sem o amor maternal se tornem mais suscetíveis ao estresse e tenham mais probabilidade de se automedicar voltando-se para o álcool ou outras drogas.

Amor, um aliado do sistema imunológico

O amor certamente exerce influência sobre nosso sistema imunológico – ainda que a ciência não saiba exatamente como isso ocorre. O surpreendente é que o sistema imunológico, por sua vez, também pode determinar a pessoa por quem nos apaixonamos. Talvez acreditemos que é aquele corpo escultural, são aqueles traços cinzelados, aqueles olhos maravilhosos ou aquela personalidade exuberante. Na realidade, pode ser um grande número de células B, algumas férteis células T e a imunoglobulina A (IgA).

Em um estudo realizado em 1997 na Universidade de Berna, na Suíça, pediu-se a algumas mulheres que cheirassem várias camisetas usadas por homens e depois dessem uma nota que indicasse quanto os aromas lhes pareceram agradáveis. Não foi por mera coincidência que elas disseram preferir o cheiro das camisetas usadas por homens cujo sistema imunológico apresentava maiores diferenças genéticas em relação ao seu.

Por que isso faz sentido? Se você procriar com alguém cujo sistema imunológico seja diferente do seu, seu filho provavelmente herdará a imunidade de ambos os pais e, em termos gerais, será mais saudável. Em algum plano primitivo, instintivo, a pessoa que consideramos atraente e pela qual nos apaixonamos é aquela que provavelmente mais nos ajudará a ter filhos saudáveis. Bem, em termos de romance não é exatamente o tipo de coisa que possa virar tema de uma canção sentimental, mas talvez seja válida mesmo assim. Entre todas as pessoas que você conheceu, com as quais se encontrou muitas vezes e depois namorou, aquela que se tornou amada não tem apenas beleza, inteligência e personalidade mas também os fagócitos certos.

O Sexo como Propaganda e a Ciência

O sexo satura nossas ondas de rádio e TV tanto em termos visuais quanto sonoros. Fendas, decotes e corpos sarados estão em todas as emissoras. Os cartazes de rua e os anúncios das revistas mostram pessoas bonitas e sensuais que estimulam você a comprar o carro que dirigem, a freqüentar a mesma loja e a lavar os cabelos com o mesmo xampu que deixa seus cabelos maravilhosos. A propaganda e o entretenimento empregam o sexo porque ele vende, funciona. O sexo faz vibrar uma corda inata e profundamente arraigada que a natureza instalou em nós eras atrás para assegurar a sobrevivência e a propagação de nossa espécie.

Embora seja tão fundamental para a própria existência, por que a pesquisa da sexualidade humana só começou efetivamente nos últimos 100 anos? Porque sempre foi e provavelmente sempre será algo tão íntimo, tão privado e pessoal que a maioria simplesmente

> ### Sexo: uma fonte de juventude?
> A pesquisa feita pelo neuropsicólogo David Weeks, Ph.D., indica que o sexo pode nos fazer parecer mais jovens. No livro *Secrets of the superyoung* [Segredos dos superjovens], escrito com Jamie James, o doutor Weeks descreve um estudo de dez anos que fez com 3.500 norte-americanos, ingleses e outros europeus. Tanto os homens quanto as mulheres que disseram fazer sexo quatro vezes por semana (duas vezes mais que a média) pareciam aproximadamente dez anos mais jovens do que eram de fato, segundo os números dados pelos voluntários.
>
> O doutor Weeks acredita que os hormônios, como o do crescimento, liberados durante o sexo explicam parcialmente esse efeito. Mas ele adverte que o sexo casual com muitos parceiros pode ser estressante e levar ao envelhecimento prematuro. Portanto, encontre-se com seu par amoroso, acenda algumas velas, ouça música e prepare-se para uma noite romântica (ou várias).

não quer falar a respeito disso. John B. Watson, Ph.D., psicólogo norte-americano muito influente no início do século XX, perdeu o emprego na Universidade Johns Hopkins porque queria pesquisar cientificamente a mecânica da resposta sexual – com a ajuda de uma aluna sua de pós-graduação.

Investigações científicas sérias e idôneas sobre sexo começaram realmente na década de 1940, com os estudos pioneiros de Alfred Kinsey, Ph.D., publicados na década seguinte, e continuaram com outros trabalhos pioneiros de William H. Masters e Virginia Johnson. Esse casal descobriu (e documentou) que o aumento gradual e a explosão de prazer da resposta sexual consistem de quatro fases: excitação, platô, orgasmo e resolução. Todos os estágios mostram alterações visíveis no corpo, alterações que afetam o sistema imunológico. O intenso prazer físico e o sentimento de profunda ligação pessoal devem ser as primeiras pistas de que a atividade sexual influencia a imunidade, mas as alterações fisiológicas fornecem mais evidências: os batimentos cardíacos e a pressão sanguínea aumentam drasticamente, há a liberação de endorfinas que reforçam a imunidade e o orgasmo reduz o estresse e a tensão. Como no caso do amor, é difícil isolar um único fator como chave da melhora imunológica. Esta decorre apenas de uma ou de mais alterações fisiológicas? Será que é somente a atividade física, o exercício, que tende a fortalecer nossas defesas naturais? Suspeitamos que qualquer melhora da saúde derivada do sexo resulte de uma combinação de alterações fisiológicas e dos sentimentos de amor e intimidade.

Da mesma forma, Candace Pert, Ph.D., em seu livro *Molecules of emotion* [Moléculas da emoção], observa que, em estudos feitos com animais, a quantidade de endorfinas na corrente sanguínea vai às nuvens depois do orgasmo. Essa é outra evidência de que o sexo faz mais do que apenas proporcionar a sensação de bem-estar.

Examinando a questão de um ângulo ligeiramente diferente, Barry Komisaruk, Ph.D., da Universidade Rutgers, de Nova Jersey, acha que precisamos de amor e de intimidade física para evitar doenças. Psicólogo e neurocientista que estudou amor, sexo e orgasmo durante anos, o doutor Komisaruk sugere que toda experiência física e emocional do sexo é uma estimulação sensorial necessária. Sua falta pode criar problemas. Talvez exista um mecanismo nervoso que provoque doenças psicossomáticas quando a pessoa é privada de amor. Na ausência de sensações prazerosas, a mente tenta gerar algum tipo de estimulação sensorial, mas acaba criando sintomas físicos. Em resumo: cair de cama pode ser uma das muitas manifestações da falta de amor.

Interessados na teoria de que a falta de amor pode provocar doenças e particularmente atraídos pelas idéias do doutor Dean Ornish sobre a ligação entre intimidade e saúde em seu livro *Amor e sobrevivência*, decidimos planejar um experimento próprio. Queríamos nos concentrar no amor romântico e íntimo e na forma como ele pode alterar nosso indicador favorito de saúde imunológica, a IgA. Pedimos aos 112 participantes desse estudo, homens e mulheres, que respondessem a vários questionários para saber se tinham alguma relação amorosa de longa data, há quanto tempo estavam envolvidos nesse relacionamento e como se sentiam a respeito disso. Depois lhes pedimos que classificassem os próprios níveis de intimidade, paixão e sentimento de compromisso usando um instrumento chamado Escala do Amor Triangular, criação de Robert Sternberg, Ph.D. pela Universidade de Yale. Perguntamos quantas vezes em média por semana eles faziam sexo e qual era seu grau de satisfação com a vida sexual.

Descobrimos várias associações fascinantes entre a freqüência do sexo e o vigor imunológico. Eram notáveis por dois motivos: primeiro porque havia, de fato, uma correlação clara e segundo porque não se tratava apenas de uma correlação do tipo quanto-mais-melhor. As pessoas que disseram ter uma ou duas relações sexuais por semana apresentaram, entre outras coisas, uma contagem mais elevada de IgA do que aquelas que não tinham tido contato sexual ou que faziam sexo menos de uma vez por semana. Apresentaram também quantidades muito maiores desse indicador de saúde imunológica aqueles que faziam sexo três vezes ou mais por semana. Na verdade, as pessoas sexualmente mais ativas tinham taxas de IgA comparáveis às das inativas. Se mostrássemos esses dados graficamente, o diagrama se pareceria com um U invertido. O grupo do meio tinha concentrações maiores de IgA – cerca de 30% mais – que os dois grupos extremos (o interessante é que o homem comum – e provavelmente também a mulher comum – faz sexo em média 1,5 vez por semana, segundo uma pesquisa publicada pela revista *Men's Health*).

Freqüência sexual: a solução do enigma do meio

Ao analisar nossas descobertas, atribuímos o aumento de IgA registrado no grupo do meio (que faz sexo uma ou duas vezes por semana), em comparação com aqueles que não têm atividade sexual

Como acender o fogo

Se sua vida sexual não for mais tão prazerosa quanto antes, console-se sabendo que você não está sozinho. Console-se um pouco mais e tenha o prazer de descobrir que é fácil atiçar as chamas do desejo – e ainda levar a melhora da imunidade como brinde: basta pôr em prática algumas dicas simples:

Dar e receber. Às vezes dar prazer a um ente querido pode ser tão bom quanto receber. Quando se sentir particularmente generoso reserve uma noite especial para dar prazer a seu amor. Mas tome nota disso e apresente suas anotações quando estiver particularmente interessado em estar na outra ponta para receber desde seu prato predileto até sua posição favorita. E você não precisará levantar uma palha: só terá prazer.

Beleza. Faça o possível para estar na melhor forma diante de seu amor – do cabelos às roupas, passando pela comunicação verbal, pela estimulação olfativa (perfume) e pela linguagem corporal – e tenha o mais intenso prazer com os encantos do processo de sedução.

Variedade. Planeje noites ou dias para sair do trivial em seus encontros – do ambiente à posição. Veja quantos ângulos diferentes você pode usar para estimular os diversos peptídios opióides, receptores de peptídios opióides, neurotransmissores e neuromoduladores do prazer. Não deixe seu cérebro ficar acostumado aos mesmos estímulos de sempre e, por isso, ter menos prazer.

Espontaneidade. Às vezes nada excita tanto as moléculas do prazer quanto a espontaneidade da boa e velha nudez.

Preliminares. São essenciais. Por quê? Porque aumentam o prazer. Elas são uma boa oportunidade de gerar sinergia – dar e receber, mostrar beleza, ter variedade e espontaneidade, tudo de uma vez.

As células T da Madre Teresa
Será que Madre Teresa de Calcutá tinha um sistema imunológico mais forte que o das pessoas comuns? Certamente viveu até idade bem avançada. Não podemos responder diretamente a essa pergunta porque a literatura sobre os efeitos do amor espiritual e altruísta na saúde é mais escassa ainda que a literatura sobre o amor romântico ou familiar. Mas sabemos que *ver* Madre Teresa em ação pode aumentar a atividade imunológica. Em estudo realizado com pessoas que viram um filme sobre Madre Teresa rodado enquanto ela cuidava de seus doentes em Calcutá, a taxa de imunoglobulina A (IgA) aumentou significativamente. Nenhuma alteração semelhante foi percebida quando o público assistiu a um filme menos comovente.

nenhuma durante uma semana típica, aos muitos efeitos positivos de uma relação amorosa. Os numerosos benefícios psicológicos provavelmente se traduzem em benefícios fisiológicos. O próprio ato físico do sexo também deve contribuir para o aumento de IgA. Infelizmente, maior atividade sexual não é sinônimo de maior atividade imunológica. Por motivos que só podem ser especulativos, mais significa menos. Talvez isso ocorra porque o fato de obter uma coisa boa repetidamente resulte em rendimentos decrescentes. Talvez seja por causa da fadiga ou da ansiedade em relação ao desempenho (exaustão por tentar continuamente fazer a coisa certa). Talvez isso se deva a alguns outros comportamentos desconhecidos das pessoas que fazem sexo três vezes por semana.

No entanto, enterradas no meio de pilhas de dados, havia algumas correlações interessantes que só se manifestaram entre as pessoas do grupo do sexo freqüente (mais de duas vezes por semana). Lembre-se: inicialmente estávamos pesquisando o amor e por isso perguntamos até que ponto os participantes acreditavam estar apaixonados e qual era o grau de segurança que tinham em suas relações amorosas. No grupo do sexo freqüente, quanto mais forte era o amor que os participantes diziam sentir tanto menor se mostrou a contagem de IgA. O indicador da saúde do sistema imunológico era tanto menor quanto mais os participantes afirmavam estar sexualmente satisfeitos com suas relações amorosas. Muito sexo e muito amor aparente = menos IgA.

Essa charada nos fez perguntar a nós mesmos se os participantes eram pessoas ansiosas envolvidas com a atividade sexual não por amor nem afeto verdadeiro, e sim por insegurança. Talvez sentissem a ansiedade e o estresse criados pela incerteza da relação amorosa. Talvez fizessem sexo com tanta freqüência para disfarçar ou substituir alguma outra coisa, como comunicação ou amor verdadeiro. Da mesma forma, é de esperar que os casais que há muito tempo mantêm relações que parecem amorosas e românticas mas que nunca fazem sexo tenham, com certas exceções, algum tipo de problema oculto debaixo do tapete que nunca é discutido.

Isso nos traz de volta ao meio-termo saudável. Talvez não seja nem o sexo em si que favoreça a melhora imunológica. Talvez os casais que fazem sexo só uma ou duas vezes por semana tenham apenas relações afetivas mais saudáveis e mais seguras, pois não precisam provar nada. Pode ser o amor correspondido e o contentamento de ambos. Não temos certeza nem mesmo de que o benefício imunológico se aplique a todos. Os participantes de nosso estudo eram muito parecidos. Eram todos estudantes universitários com menos de 23 anos. Só um era casado, e nenhum deles disse ser homossexual. Ainda temos de testar nossas descobertas com pessoas mais velhas, com gente casada e com homossexuais. Será que vamos obter os mesmos resultados? Talvez sim, talvez não. Se, por exemplo, você tiver 45 anos, pense numa relação amorosa que teve na época da faculdade. Além do fato de que provavelmente não freqüenta tantas festas hoje em dia, você e seu par atual têm uma relação parecida? A resposta é quase certamente não, e a natureza da relação amorosa pode influenciar, para o bem e para o mal, o impacto do comportamento sexual sobre o sistema imunológico.

Qual é o lance?

Tivemos bastante publicidade por causa desse estudo e concordamos em fazer uma série de entrevistas. Um de nós foi posto em situação embaraçosa pelo disc-jóquei de um programa do tipo "mundo cão" de uma emissora de rádio da Flórida. Depois de perguntar sobre o orgasmo, o locutor sensacionalista começou a censurar sua parceira pelo fato de ele estar doente o tempo todo por "falta de atividade". A conversa nos levou a um campo minado, e agora temos de enfrentar uma série de questões científicas legítimas para as quais, a esta altura, francamente não temos resposta.

- ◆ É toda a relação sexual ou somente o orgasmo que envolve um componente imunológico especial?
- ◆ O sexo tem de ser genital ou o sexo oral é suficiente? E quanto ao sexo anal?
- ◆ Se você já fez sexo duas vezes nesta semana, deve tomar um banho frio se quiser mais?
- ◆ Masturbação conta ou o amor e o contato físico são essenciais?
- ◆ Apesar dos problemas morais e jurídicos, será que um indivíduo solteiro e solitário deve pagar prostitutas ou fazer sexo sem compromisso para continuar saudável? Deve-se fazer sexo apenas com a pessoa amada?
- ◆ Existem diferenças imunológicas entre heterossexuais e homossexuais?

Provavelmente não existe uma receita mágica da freqüência ideal para fazer sexo e assim ter uma saúde ótima e uma atividade imunológica perfeita. O número de relações semanais reflete mil variáveis para ambos os parceiros. É provável que as pessoas que têm boas relações amorosas achem natural fazer sexo algumas vezes por semana. Duvidamos que haja diferenças muito grandes de potencial imunológico desencadeadas por diferentes tipos de relação sexual. Quanto à masturbação, provavelmente o prazer e a liberação de tensão tragam benefícios imunológicos, mas talvez o efeito seja um pouco menor que o decorrente do contato físico ardente entre duas pessoas que se amam. E quanto à prostituição? Segundo nossa modesta opinião científica, achamos que a culpa, a vergonha, os problemas jurídicos potenciais e a ameaça de ser fichado na polícia têm mais peso que quaisquer benefícios.

Ligue-se...
...ao toque

Há mais de uma forma de estimular o sistema imunológico. Melhorar a vida sexual, procurar mais prazeres táteis, entrar em forma e expandir o círculo social são apenas algumas das possibilidades que levam o sistema nervoso parassimpático a novas alturas.

Todo mundo tem seu par. Ao menos era o que mamãe dizia, lembra-se? Se você está sem ninguém, sozinho na vida, não perca de vista o fato de que pode e vai encontrar aquela pessoa especial.

Saia. Um possível amor não vai bater espontaneamente em sua porta sem ser convidado (quem aparece assim é chamado de ladrão, e não há dúvida de que você não vai curtir o encontro). É preciso sair, envolver-se, fazer coisas e cercar-se de gente que tem interesses iguais aos seus. Vá a festas. Entre num grupo virtual de discussão. Sim, você pode até colocar um anúncio nos jornais. Depois de se livrar dos eventuais aproveitadores, você talvez encontre uma pessoa legal. Todos conhecemos alguém que vive sozinho, solitário, e afirma ser feliz. Conhecemos também gente que abomina a solidão, mas, consciente ou inconscientemente, estrutura a vida para garantir a continuidade de seu isolamento.

Procure resolver seus problemas. Relações afetivas ruins causam lesões psicológicas, imunológicas e às vezes até físicas. Se houver um problema em sua relação com alguém, tente resolvê-lo. Converse, comunique-se, abra-se, expresse seus sentimentos. Procure conciliar as diferenças. Se for difícil para ambos, pense em procurar um terapeuta.

Desabafe. Procure apoio emocional com amigos íntimos e membros da família. Mesmo que não se identifique nenhuma solução, lavar a alma faz bem. Essa recomendação é dirigida principalmente aos homens. Uma pesquisa recente concluiu que as mulheres procuram pelas amigas e por apoio social quando estão sob tensão com muito mais facilidade que os homens. Isso pode explicar por que elas geralmente administram melhor o estresse.

Rompa um vínculo sufocante. Se sua relação amorosa chegou ao ponto em que não há mais nada a fazer, se o amor acabou realmente, você talvez precise considerar a separação ou o divórcio. O preço, emocional e financeiro, pode ser elevadíssimo, e o sofrimento provavelmente não acabará logo, mas no final você estará em condições de encontrar alguém melhor, mais amoroso e mais compatível.

Faça um trabalho voluntário. Como até mesmo em aspectos muito menos pessoais o amor e o carinho parecem estimular o sistema imunológico, torne-se voluntário de uma instituição de apoio à comunidade. Você pode ensinar as pessoas a ler, participar da construção de casas para os pobres, ser técnico de um time esportivo de jovens ou ajudar um orfanato ou uma casa de repouso. Atos de carinho e bondade são bons para você e para o objeto de sua atenção. Além disso, você pode encontrar outro "bom samaritano" e dar início a uma nova relação amorosa.

Capítulo 6

Um tributo aos animais de estimação

Os melhores amigos do sistema imunológico

> *Os animais são amigos maravilhosos –*
> *não fazem perguntas nem críticas.*
> George Eliot, Mr. Gilfil's Love Story

Era outono, e a noite estava linda quando nos reunimos na sala da casa de Carl para discutir as esquisitices da comunicação das citocinas, os programas de reforço (freqüência de prêmios) das máquinas caça-níqueis e o que nosso time precisava fazer para ganhar o campeonato. "Só mesmo dois psicólogos para achar graça numa máquina caça-níqueis", comentou a mulher de Carl.

SuSu, a cachorrinha de Carl, entrou no vestíbulo trotando e acomodou-se no chão de lajotas. Durante alguns minutos de conversa animada sobre interleucinas e problemas políticos, notei que SuSu tinha avançado centímetro a centímetro em direção à sala e finalmente colocara as patas dianteiras na ponta do tapete que separa a sala do vestíbulo. Observando o avanço com o canto dos olhos, Carl olhou firme para ela ao mesmo tempo em que, levantando a voz, dava-lhe uma ordem: "Tire as patas desse tapete!" Sem hesitar (na verdade, como se tivesse sido atingida por um raio), SuSu deu um pulo e tirou as patas do tapete. Ela não tem permissão para entrar na sala, mas de vez em quando faz uma experiência, que sempre produz o mesmo resultado.

As pessoas ficam sempre muito impressionadas com o domínio que SuSu tem de nosso idioma. É claro que não foram as palavras de Carl, e sim sua expressão facial e o tom de sua voz, que motivaram essa reação. Na verdade, Carl demonstrou esse fato certa vez usando o mesmo tom de censura e dizendo as palavras "como está seu dia? Está bom?" em lugar da ordem "tire as patas desse tapete". Quaisquer que fossem as palavras, SuSu reagia da mesma forma: retirava-se.

Antes de você evocar a imagem de um sujeito mesquinho que é severo demais com seu animal de estimação, vamos mostrar a verdade, pois naquela mesma noite SuSu sentou-se confortavelmente no colo de seu dono enquanto ele lhe fazia mil carinhos. Será que ele amava esse bichinho ou só lera uma pesquisa que sugeria que o contato com um animal de estimação pode ter influência positiva sobre a pressão sanguínea e os batimentos cardíacos? Será que Carl pretendia estimular seu sistema imunológico? O homem e seu bicho de estimação brincavam e se alimentavam juntos havia dezoito anos. Eram companheiros. Quando SuSu morreu, em 1998, Carl, que parecia nunca ter ficado doente, caiu de cama logo em seguida com uma gripe terrível.

Haverá, portanto, alguma relação entre animais de estimação e saúde? Achamos que sim.

Atração Animal

Nossos ancestrais primitivos começaram a domesticar animais por volta de 10000 a.C. Hoje em dia, segundo pesquisa publicada pelo National Institutes of Health no final da década de 1980, mais da metade das residências norte-americanas tem ao menos um animal. Os americanos têm mais bichos de estimação que filhos. Em todo o país, existem cerca de 51 milhões de cachorros, 56 milhões de gatos, 45 milhões de passarinhos, 75 milhões de outros mamíferos e répteis de pequeno porte (de *hamsters,* porquinhos-da-índia e ratos brancos a cobras e lagartos), além de milhões de peixes.

Por quê? Que atração mútua é essa entre animais e seres humanos? Em parte pode ser o desejo do homem de dominar o reino selvagem e os animais ou talvez seja o interesse de se comunicar e interagir com seres vivos diferentes, quase de outro mundo. No entanto, mais perto do coração de nosso sistema imunológico, a atração também parece brotar da necessidade de companhia e de dar e receber afeto. Os animais de estimação são amigos nossos. Conversamos com eles, tocamos neles, brincamos com eles. Eles nos fazem rir. Eles nos fazem sentir que somos queridos – e nos amam incondicionalmente. Esses fatores têm impacto tremendo sobre nossa psique e talvez sobre nosso sistema imunológico também. Não sabemos disso conscientemente, mas, em resumo, os animais de estimação podem nos ajudar a manter a saúde. Aquele cartaz que diz "Cuidado com o cachorro" pendurado no portão não espanta apenas possíveis ladrões. A presença de um animal de estimação pode espantar doenças também.

Animais de Estimação e Saúde: o Doutor Feelgood Encontra o Doutor Doolittle

Florence Nightingale, cujo amor, carinho e preocupação com os doentes no final do século XIX serviram de fundamento da moderna profissão de enfermagem, recomendava que os inválidos incapazes de sair da cama mantivessem por perto um passarinho na gaiola para preservar a saúde e acelerar a recuperação. Ela percebeu intuiti-

A arca lança âncora no "Éden"

Apesar dos grandes avanços dos últimos tempos, as casas de repouso e os hospícios continuam sendo lugares relativamente anti-sépticos e tristes. Para os residentes idosos, tais instituições parecem mais um hospital do que um lar. Mas um conceito novo está pondo esse ramo em polvorosa. Os residentes não são apenas pessoas doentes e idosas. Entre eles também encontramos gatos, cachorros e passarinhos. Não se trata de visitas ocasionais: são residentes por tempo integral, 365 dias por ano.

A chamada Alternativa Éden é uma abordagem fascinante das práticas das casas de repouso destinada a ajudar os residentes a suportar um pouco melhor sua situação. Criado por William H. Thomas, médico do interior do estado de Nova York e autor de *Life worth living* [Vida que vale a pena viver], o conceito não abrange apenas animais de estimação, mas também plantas e visitas de crianças. Essa e outras abordagens semelhantes estão sendo postas em prática em casas de repouso de todo o território dos Estados Unidos.

Samambaias e crianças divertidas são ótimas, mas o componente animal de estimação da Alternativa Éden é inovador e influente. Um pastor-alemão que abana o rabo quando você sai do elevador ou um par de gatos que passeiam pelos corredores são duas formas reconfortantes de cumprimento quando se é levado para uma casa de repouso numa cadeira de rodas. O chilreio alegre dos passarinhos traz a vivacidade da aurora para o crepúsculo.

Mas o efeito não é apenas a mudança de atmosfera. Um estudo preliminar mostrou de forma admirável que a presença de animais de estimação beneficia a saúde. Segundo o doutor Thomas, os residentes das casas de repouso que têm animais de estimação por perto precisam menos de remédios, adoecem com menos freqüência, têm menos infecções e, de modo geral, são mais felizes que seus congêneres que vivem em ambientes sem a presença nem a amizade dos animais.

Trata-se de imunidade natural em ação. Cachorros, gatos e passarinhos não resolvem os problemas da velhice nem curam o mal de Alzheimer, mas melhoram o ambiente e ajudam as pessoas a sentir-se mais sadias e a viver melhor.

vamente o que hoje a medicina descobriu no plano fisiológico e psicológico: as pessoas que interagem com animais são mais sadias que as outras. Desde pressão alta, recuperação pós-cirúrgica, cegueira, reabilitação física, inatividade e fadiga até solidão, estresse, depressão e dificuldades emocionais em geral – surgiu para tudo isso um novo campo de terapia baseada nos animais de estimação para ajudar as pessoas que têm numerosos problemas físicos, psicológicos ou sociais.

A introdução de animais de estimação em ambientes de internação e tratamento de longo prazo incentiva a disposição e o senso de humor dos pacientes, facilita a comunicação e melhora consideravelmente todos os tipos de sintomas psiquiátricos, segundo um estudo de 1987 batizado de Project Pup [Projeto Cachorrinho], realizado em várias casas de repouso da Flórida (veja o quadro "A arca lança âncora no 'Éden'", neste capítulo). Outra investigação descobriu que a presença de pássaros em sessões de terapia de grupo correspondia a um número maior de pessoas, bem como a uma participação melhor e a menos hostilidade, além de acelerar o processo de recuperação. Os idosos que têm animais de estimação gastam menos dinheiro com tratamentos de saúde em comparação com os que não têm e também passam menos tempo no hospital, segundo outro estudo. Os donos de cachorros de todas as idades fazem mais exercício, travam relações sociais em ambientes públicos com mais freqüência e até sorriem mais.

Animais de estimação e a psique

O que vale para o nível fisiológico vale também para o nível psicológico. Outra série de estudos revelou que a saúde psicológica e geral se beneficia da presença de um animal de estimação. Um estudo de 1991, realizado na Universidade de Cambridge, na Inglaterra, por exemplo, acompanhou 71 pessoas que tinham comprado um gato ou um cachorro havia pouco tempo e comparou sua saúde psicológica e física com a de um grupo semelhante de pessoas que não con-

Cardiologistas felinos e caninos

Um sólido conjunto de pesquisas científicas, combinado a outros tantos estudos de caso, confirma a declaração de que a presença de animais de estimação faz bem ao coração. Uma das primeiras tentativas sistemáticas de avaliar a influência de animais de estimação sobre a saúde foi o Relatório de Saúde Pública do governo federal dos Estados Unidos, publicado em 1980, que examinou os índices de sobrevivência um ano depois entre 82 pessoas que deram entrada numa unidade hospitalar de tratamento de coronárias na década de 1970 por causa de dores no peito relacionadas às coronárias (angina do peito) ou a ataques cardíacos. Entre os pacientes cardíacos que não tinham animais de estimação, 28% morreram no ano seguinte, ao passo que só 6% dos pacientes possuidores de bichos de estimação morreram. A diferença de sobrevivência entre pessoas que tinham e pessoas que não tinham animais persistiu independentemente da gravidade do problema cardíaco.

Até hoje essa conclusão surpreende. Logo depois da publicação do relatório começaram a surgir perguntas que indagavam, entre outras coisas, se os participantes do estudo poderiam ter se beneficiado indiretamente do exercício feito ao levar o cão para passear. Mas, conforme se descobriu mais tarde, essa especulação era infundada. Mesmo as pessoas cujos animais de estimação não eram cães desfrutaram a vantagem de sobreviver mais um ano. A associação era tão evidente que, nos anos seguintes, esse estudo levou a inúmeras outras pesquisas que enfatizavam a influência da companhia e do conforto proporcionados pelos animais sobre os fatores de risco cardiovascular. Ter um cachorro como bicho de estimação, conforme demons-

viviam com animais. Os donos de bichos de estimação tiveram melhora geral do estado de saúde psicológica e, um mês depois de adotar seus novos amiguinhos, menos problemas de saúde física. Por algum motivo, só os donos de cachorros mostraram melhora consistente e prolongada de saúde durante todo o período de dez meses do traram essas pesquisas, reduz a pressão sanguínea, os batimentos cardíacos e acalma a respiração tanto de crianças quanto de adultos. Igualmente importante é o fato de que a mera estimulação tátil não é a única responsável por esse processo. Uma investigação de 1983 sobre pacientes com problemas coronarianos e pacientes que exigiam tratamento prolongado mostrou que a melhoria dos sinais vitais do coração foi ainda mais intensa naqueles que tinham ou conviviam com um animal de estimação.

Outra pesquisa descobriu que às vezes só o ato de afagar um cachorro é mais benéfico do que afagá-lo e conversar com ele ao mesmo tempo. Por que isso? Mesmo que um bom desabafo seja benéfico, a pesquisa mostra que em certos momentos o simples fato de falar pode realmente fazer a pressão subir. Se, por exemplo, você visitar seu tio, provavelmente não vai ficar sentado em silêncio. Chegará o momento em que terá de dizer alguma coisa. Com seu bichinho, você não precisa dizer nem uma única palavra se não tiver vontade. O silêncio é de ouro com um cão de caça, mas não com um parente.

As pesquisas continuam até hoje. Um estudo de 1991, por exemplo, com 6 mil homens e mulheres de mais de 40 anos, realizado no Instituto Médico Baker de Melbourne, na Austrália, concluiu que ter um bicho de estimação não só reduz a pressão sanguínea mas também os triglicérides e o colesterol. Os cientistas não conseguiram atribuir a melhora cardiovascular a nenhum outro fator na vida dessas pessoas. A única diferença clara era a presença de um animal de estimação.

estudo. Os donos de cachorros, comparados aos que tinham gatos, também mostraram aumento de auto-estima e redução do medo de se tornar vítimas de algum crime. Além disso, fizeram mais exercícios.

Na próxima vez que você estiver suando com sua declaração de Imposto de Renda, é melhor ter um cachorro a seus pés ou um gato no colo. Um estudo de 1999 realizado na Escola de Medicina da Universidade do Estado de Nova York mostrou que os donos de animais de estimação somam, subtraem, multiplicam e dividem melhor quando há bichos por perto. Os cientistas do estudo, segundo um artigo do mesmo ano publicado em Praga durante a Oitava Conferência Anual sobre Interação de Seres Humanos e Animais, pediram a um grupo de pessoas que fizesse algumas operações matemáticas, conhecido indutor de estresse. Quando seus animais de estimação estavam por perto, as pessoas saíram-se melhor e reagiram com mais calma, como comprovou a leitura da pressão sanguínea e o número dos batimentos cardíacos.

Se nós (ou a literatura médica) parecermos tendenciosos em favor dos cachorros e, em menor medida, dos gatos, note que existe grande número de outros estudos que demonstram os benefícios físicos e psicológicos da presença de um animal de estimação, seja de que espécie for. Andar a cavalo, por exemplo, melhora a socialização e a eficácia da psicoterapia (e também, entre aqueles que têm problemas de movimento, a postura, o equilíbrio, a mobilidade e a atividade), segundo um trio de estudos alemães independentes realizados em 1976, 1981 e 1991. Um estudo de menores proporções de 1988, com oito rapazes de 12 a 25 anos, mostrou que algumas pessoas autistas comportaram-se melhor socialmente e tiveram períodos de atenção mais longos depois de passar algum tempo com golfinhos (o fato é interessante, mas não foi reproduzido por outras pesquisas científicas).

Nossa Pesquisa: a Importância do Contato com os Animais – de Verdade ou de Pelúcia

As variáveis psicológicas e fisiológicas do conjunto de pesquisas que encontramos intrigaram-nos. Teoricamente poderia existir uma interação mente-corpo, sistema neurológico-sistema imunológico, entre as variáveis saúde e posse de um animal de estimação. Jasmine, uma graça de cachorrinha, logo se tornou visita freqüente e ilustre colega de pesquisa quando começamos a testar o efeito de sua presença sobre a taxa de imunoglobulina A (IgA) dos participantes de nosso estudo.

Dois exames de saliva, com amostras retiradas imediatamente antes da interação de qualquer dos dez participantes com Jasmine e imediatamente após uma sessão de dezoito minutos com ela, seriam bons indicadores. Para evitar que a preferência pessoal entrasse em ação, excluímos todos os participantes que não gostavam de cachorros. Para ter certeza de que nada mais poderia causar alterações da taxa de IgA, acrescentamos um grupo de controle com seis participantes que ficavam sentados numa sala durante o mesmo período de tempo — mas sem nenhuma interação. Finalmente, para testar a possibilidade de que qualquer estimulação tátil (jargão científico de "toque") tivesse condições de influenciar a IgA, encomendamos uma réplica de pelúcia de Jasmine, que poderia ser afagada durante dezoito minutos pelos nove indivíduos que faziam parte de um terceiro grupo. Agora sabíamos que todas as variáveis tinham sido levadas em conta. A única coisa que ainda não sabíamos era como todo aquele afeto e tanta atenção influenciariam o sistema imunológico de Jasmine (supusemos que exerceria enorme influência positiva).

O que aconteceu? Os estudantes que ficaram no sofá de nossa sala de teste sem nenhum contato com a pastora-alemã não mostraram nenhum aumento da IgA. Os estudantes que passaram algum tempo com Jasmine mostraram elevação de cerca de 12% da taxa de IgA. Aqueles que afagaram a réplica de pelúcia também tiveram aumento da IgA, embora menor (cerca de 7%). Obviamente, o contato com qualquer coisa macia e aconchegante, quer viva, quer inanimada, estimula positivamente o sistema imunológico. O aumento maior de IgA entre aqueles que interagiram com a Jasmine de carne e osso sugere algo, mas os resultados não indicam claramente o que tudo isso significa. Nunca publicamos formalmente os resultados

Seus instintos animais

A Escala de Atitude Diante de Animais de Estimação, criada pelo doutor Donald I. Templer, psicólogo do Centro de Serviços Psicológicos de Fresno, na Califórnia, e seus colaboradores, é uma das escalas usadas em nossos estudos sobre os benefícios imunológicos recebidos por pessoas que afagaram e abraçaram um cachorro de pelúcia. Para descobrir a probabilidade que seu sistema imunológico tem de beneficiar-se tomando nossos dados como base, faça você mesmo o teste.

Responda a cada uma das perguntas seguintes da forma mais honesta que puder em termos do que sente agora. Não se preocupe com a maneira pela qual os outros vão responder a essas perguntas – não existem respostas certas nem erradas. Tudo quanto importa é expressar seus verdadeiros sentimentos sobre o assunto.

Faça um círculo em volta de um dos sete números relativos a cada pergunta. Você vai notar que os pontos relativos às perguntas 4, 6, 9, 12, 13, 15 e 17 estão invertidos, e isso é intencional (por exemplo: fazer um círculo em torno do número correspondente a "discordo completamente" da pergunta número 4 recebe 7 em lugar de 1, enquanto "discordo moderadamente" vale 6, e não 2).

1. Gosto muito de ver animais de estimação saborear sua comida.

1	2	3	4	5	6	7
Discordo completamente	Discordo moderadamente	Discordo ligeiramente	Não sei	Concordo ligeiramente	Concordo moderadamente	Concordo inteiramente

2. Gosto mais de meu bicho de estimação que de todos os meus amigos.

1	2	3	4	5	6	7
Discordo completamente	Discordo moderadamente	Discordo ligeiramente	Não sei	Concordo ligeiramente	Concordo moderadamente	Concordo inteiramente

3. Gostaria de ter um animal de estimação em casa.

1	2	3	4	5	6	7
Discordo completamente	Discordo moderadamente	Discordo ligeiramente	Não sei	Concordo ligeiramente	Concordo moderadamente	Concordo inteiramente

4. Ter animais de estimação é um desperdício de dinheiro.

7	6	5	4	3	2	1
Discordo completamente	Discordo moderadamente	Discordo ligeiramente	Não sei	Concordo ligeiramente	Concordo moderadamente	Concordo inteiramente

5. Animais de estimação em casa tornam minha vida mais feliz (ou tornariam se eu os tivesse).

1	2	3	4	5	6	7
Discordo completamente	Discordo moderadamente	Discordo ligeiramente	Não sei	Concordo ligeiramente	Concordo moderadamente	Concordo inteiramente

6. Acho que os animais de estimação sempre deveriam ser mantidos fora de casa.

7	6	5	4	3	2	1
Discordo completamente	Discordo moderadamente	Discordo ligeiramente	Não sei	Concordo ligeiramente	Concordo moderadamente	Concordo inteiramente

7. Todo dia eu passo algum tempo com meu bicho de estimação (ou passaria se tivesse algum).

1	2	3	4	5	6	7
Discordo completamente	Discordo moderadamente	Discordo ligeiramente	Não sei	Concordo ligeiramente	Concordo moderadamente	Concordo inteiramente

8. Às vezes me comunico com meu bicho de estimação e compreendo o que ele está tentando expressar.

1	2	3	4	5	6	7
Discordo completamente	Discordo moderadamente	Discordo ligeiramente	Não sei	Concordo ligeiramente	Concordo moderadamente	Concordo inteiramente

9. O mundo seria melhor se as pessoas parassem de passar tanto tempo cuidando de seus animais de estimação e começassem a cuidar mais de outros seres humanos.

7	6	5	4	3	2	1
Discordo completamente	Discordo moderadamente	Discordo ligeiramente	Não sei	Concordo ligeiramente	Concordo moderadamente	Concordo inteiramente

10. Gosto que os animais venham comer na minha mão.

1	2	3	4	5	6	7
Discordo completamente	Discordo moderadamente	Discordo ligeiramente	Não sei	Concordo ligeiramente	Concordo moderadamente	Concordo inteiramente

11. Adoro bichos.

1	2	3	4	5	6	7
Discordo completamente	Discordo moderadamente	Discordo ligeiramente	Não sei	Concordo ligeiramente	Concordo moderadamente	Concordo inteiramente

12. O lugar dos bichos é no mato ou no zoológico, não em casa.

7	6	5	4	3	2	1
Discordo completamente	Discordo moderadamente	Discordo ligeiramente	Não sei	Concordo ligeiramente	Concordo moderadamente	Concordo inteiramente

13. Quando você tem animais de estimação em casa, já sabe que os móveis vão sofrer um bocado.

7	6	5	4	3	2	1
Discordo completamente	Discordo moderadamente	Discordo ligeiramente	Não sei	Concordo ligeiramente	Concordo moderadamente	Concordo inteiramente

14. Gosto de animais domésticos.

1	2	3	4	5	6	7
Discordo completamente	Discordo moderadamente	Discordo ligeiramente	Não sei	Concordo ligeiramente	Concordo moderadamente	Concordo inteiramente

15. Os animais de estimação são ótimos, mas dão muito trabalho.

7	6	5	4	3	2	1
Discordo completamente	Discordo moderadamente	Discordo ligeiramente	Não sei	Concordo ligeiramente	Concordo moderadamente	Concordo inteiramente

16. Converso muito com meu bicho de estimação.

1	2	3	4	5	6	7
Discordo completamente	Discordo moderadamente	Discordo ligeiramente	Não sei	Concordo ligeiramente	Concordo moderadamente	Concordo inteiramente

17. Detesto bichos.

7	6	5	4	3	2	1
Discordo completamente	Discordo moderadamente	Discordo ligeiramente	Não sei	Concordo ligeiramente	Concordo moderadamente	Concordo inteiramente

18. Você deveria tratar seus animais de estimação com o mesmo respeito com que trataria um membro de sua família.

1	2	3	4	5	6	7
Discordo completamente	Discordo moderadamente	Discordo ligeiramente	Não sei	Concordo ligeiramente	Concordo moderadamente	Concordo inteiramente

Contagem e interpretação dos pontos

Some o número total de pontos que você fez respondendo as dezoito perguntas. O total ficará entre 18 e 126 e vai entrar em uma das categorias definidas por nós. Embora essas categorias provavelmente não sejam imutáveis, algumas das estimativas dos benefícios ao sistema imunológico basearam-se exclusivamente em nossa amostra. Os limites de cada categoria foram determinados com base nos desvios médios e nos desvios padrão, bem como na estimativa do erro padrão do grupo que afagou o cachorro de pelúcia, porque esse foi o grupo que mostrou diferenças dos benefícios tendo como base a Escala de Atitude Diante de Animais de Estimação (nossa pesquisa sugere que, se um animal vivo estiver envolvido, será provável que você se beneficie independentemente de sua contagem de pontos neste teste).

Se seu total de pontos foi de...	Sua probabilidade de se beneficiar é...
120 ou mais	É praticamente certo que você se beneficiará do contato com bichos de pelúcia. Na verdade, se os efeitos são respostas condicionadas, até um retrato ou desenho de seu animal favorito pode fazer bem a você.
115 a 120	É provável que você se beneficie se afagar um bicho de pelúcia. Faça uma réplica de seu animal favorito se possível.
90 a 115	Você pode beneficiar-se ou não. As probabilidades aumentam muito a partir do total de 108 pontos.
80 a 90	Você precisa de um animal de verdade.
70 ou menos	Faça sexo, coma chocolate ou ouça seu CD favorito em vez de afagar um bicho de pelúcia.

desse estudo-piloto, mas suas questões persistentes, combinadas ao interesse da mídia por nossas descobertas (que incluiu uma visita a nosso laboratório da celebridade da TV inglesa Angela Lamont e de um produtor da British Broadcasting Corporation), levaram-nos a pesquisar melhor a relação dos bichos de estimação com a saúde do sistema imunológico.

Mais pesquisa, resultados melhores

Para nosso experimento seguinte, que começou em 1999, mantivemos o mesmo procedimento geral do estudo inicial com Jasmine, embora houvesse algumas diferenças importantes. Uma delas foi o fato de que quase dobramos o número de participantes, que chegou a 55 – adequado para avaliar a fidedignidade estatística das eventuais descobertas. Outra foi a não exclusão imediata de todas as pessoas com aversão por animais. Em vez disso, aplicamos, pouco antes da sessão de dezoito minutos de contato com um bicho de estimação, a Escala de Atitude Diante de Animais de Estimação, um questionário para avaliar até que ponto a pessoa gosta ou não de animais.

Desta vez os resultados foram ainda mais interessantes.

- ◆ As pessoas que ficaram sentadas sozinhas e em silêncio não mostraram alterações significativas da IgA. Suspeitamos bastante desse resultado porque elas se afundaram num sofá confortável e macio que provavelmente promoveu o relaxamento.
- ◆ Aquelas que abraçaram e afagaram a Jasmine de mentira também mostraram aumento de IgA, que nesse caso também não foi estatisticamente significativo.
- ◆ Os estudantes que afagaram a Jasmine autêntica – fosse qual fosse a atitude declarada em relação a animais – tiveram de fato elevação estatisticamente significativa da IgA, o que confirmou as conclusões de nossos estudos anteriores.

Quando um bicho de estimação morre

Você já visitou um cemitério de animais de estimação? É um lugar que inspira respeito, com lápides caras de mármore e altares primorosos, personalizados, com fotografias, brinquedos favoritos e chinelos mastigados.

Se você já teve um cachorro, gato, passarinho ou outro animal de estimação, independentemente do tempo em que compartilhou sua vida com ele, essa perda pode abalá-lo tanto quanto a morte de um cônjuge ou de um filho. Você deve arranjar outro bicho? Em caso positivo, quanto tempo depois? Bem, isso depende. Mas, em termos gerais, recomendamos que arranje outro animal o mais depressa possível, com uma ressalva: você deve entender que o novo bicho não é um substituto do outro, ele é seu novo companheiro. Preserve a memória do ente querido que você perdeu, mas curta o prazer da companhia de seu novo amigo.

Mas não seja precipitado. Pense nas implicações. Às vezes as pessoas não conseguem superar a culpa. Se você não conseguir ultrapassar esse ponto, considere a possibilidade de ter um bicho de outra espécie, que não o faça lembrar-se a toda hora do companheiro fiel que perdeu. Se até isso parecer complicado demais, espere, mas mantenha a porta aberta. Deixe passar um pouco mais de tempo e avalie seus sentimentos outra vez. Considerando seu modo de vida atual, você pode concluir que simplesmente não tem condições de assumir essa responsabilidade. Quando a SuSu de Carl morreu, por exemplo, ele e sua mulher chegaram à conclusão de que ter outro cachorro seria muito parecido com a chegada de um bebê naquela altura de sua vida.

Se você preferir não ter outro bicho de estimação, por favor, dê-se ao trabalho de introduzir outros prazeres em sua vida. Ria mais. Ouça um pouco mais de música. Dê mais abraços.

A análise dos resultados da Escala de Atitude Diante de Animais de Estimação permitiu-nos contextualizar melhor os resultados da IgA.

Será que o aumento de IgA está relacionado de alguma forma com a disposição geral do indivíduo em relação aos animais? Não – ao menos não para as pessoas que ficaram sentadas sozinhas no sofá ou para aquelas que afagaram a Jasmine de verdade. Mas, entre os estudantes que acariciaram a Jasmine de pelúcia, houve correlação bem grande, estatisticamente significativa, entre a afinidade com os animais e o aumento de IgA. Em outras palavras: as pessoas que gostam de cães, gatos, passarinhos e outros animais de estimação acusam melhora da saúde imunológica só pelo fato de abraçar a representação inanimada de um bicho. Os menos predispostos a brincar com animais não tiveram benefícios imunológicos.

Vamos explicar tudo isso com mais detalhes: em quatro dos dezenove participantes do grupo que não teve contato com o animal e em três dos dezenove que faziam parte do grupo que afagou Jasmine, a IgA na verdade diminuiu – o que pode ser atribuído a inúmeras variáveis externas, alheias ao estudo. Em outras palavras, essas pessoas poderiam ter algum problema – uma briga com a namorada, uma prova final difícil ou alguma conta vencida.

Entre os participantes do grupo que ficou com o bicho de pelúcia e gostavam menos de animais de estimação que os outros, de sete a dezessete (41%) mostraram redução da IgA., e essa é uma proporção muito elevada para ser atribuída ao acaso ou a um acidente estatístico.

Isso significa, estatisticamente, que existe uma relação considerável entre a atitude da pessoa diante dos animais de estimação e as alterações da taxa de IgA registradas durante a interação com um bicho de pelúcia. Quanto menos gostar de nossos amigos de quatro patas tanto maior será a probabilidade de suas defesas imunológicas caírem ou ficarem inalteradas enquanto você acaricia um cachorrinho de pelúcia. Quanto mais gostar de animais tanto mais provavelmente sua IgA vai subir enquanto você afaga um bicho de pelúcia.

Recapitulando, as análises estatísticas mostraram duas coisas: primeiro que você não precisa gostar de bichos para beneficiar-se de sua presença. Entre os estudantes que afagaram a Jasmine de verdade, a maioria teve benefícios imunológicos independentemente de sua atitude em relação aos animais de estimação. Em segundo lugar, se você gosta de bichos, haverá melhora da atividade do sistema imunológico pelo simples fato de acariciar uma cópia de pelúcia. Isso pode ser atribuído à sensação tátil ou aos sentimentos positivos associados à semelhança de um bicho muito querido? Sugerimos uma combinação dos dois fatores – outro exemplo em que a preferência pessoal entra na fórmula.

Todas essas reações são condicionamentos pavlovianos em ação: um objeto neutro adquire carga positiva ou negativa simplesmente pela associação mental feita com algo que automaticamente traz à tona emoções positivas ou negativas.

Ligue-se...
...aos instintos animais

Cachorro, gato, passarinho, cavalo, *hamster*, peixe, doninha, coelho, rato, lagarto, iguana, camaleão, cobra, porco, galinha, cabra – não importa. O resultado final é simples e direto: se você gosta de bichos, arranje um e interaja com ele. A interação é que é importante. Quanto mais você se ligar ao mundo animal tanto mais seu sistema imunológico se beneficiará disso. Parte da vantagem é uma conexão direta entre você e seu animal favorito. Outra parte é o condicionamento pavloviano esperado quando você vê determinado animal e o condicionamento geral e mental que ocorre durante a simples interação com animais e a experiência que isso lhe dá.

Como obter os benefícios imunológicos advindos do contato com o mundo animal? Temos várias outras sugestões que talvez não sejam evidentes de imediato.

Chegue a um consenso. Arranje um bicho de que toda a família goste. Se a mamãe detesta cachorros e o papai detesta gatos, provavelmente nenhum dos dois seria uma boa escolha para ter em casa. Os animais despertam reações emocionais enormemente diferentes nas pessoas. Converse com seus familiares para saber qual seria o bicho de estimação mais indicado para vocês. Chegue a um acordo mutuamente aceitável. Se esse amiguinho não for muito bem recebido por todos os membros da família, a melhora imunológica não será tão grande.

Ame o bichinho que você tem. Adquirir um animal de estimação é como ter um filho. Se você não assumir as responsabilidades, se não estiver à altura da tarefa, será melhor passar sem ele. Não seria justo para o animal. Todos nós já ouvimos histórias de bichos de estimação negligenciados que ficam doentes física ou psicologicamente. Você já deve ter visto documentários de TV sobre cachorros apáticos que ficam tremendo como se estivessem morrendo de frio mesmo em lugares aquecidos ou já soube de pássaros que arrancam as próprias penas num processo autodestrutivo. Esses animais sofreram grande dano psicológico porque não receberam os devidos cuidados nem o amor de seus donos.

Uma via de mão dupla. Os animais também são sensíveis à presença ou à ausência de prazer, atenção e afeto. Já se perguntou por que o bicho de estimação de que você mais gostou parece ter sido aquele que viveu mais tempo? Talvez seja porque você cuidou muito bem do sistema imunológico dele.

Curta as exigências da situação. Quanto mais um bicho de estimação depender de seus cuidados para viver e ter saúde tanto mais você se sentirá necessário. Quanto mais necessário você se sentir tanto mais achará que sua vida tem sentido, e esse é um grande benefício.

Faça Pavlov passar para seu lado. Não estamos sugerindo que você compre um cachorro que salive sempre que ouvir uma campainha tocar. Queremos dizer que o princípio do condicionamento de Pavlov pode ser uma vantagem (ou desvantagem) quando você escolher um animal. Em outras palavras: você provavelmente tem predisposição positiva ou negativa com relação a certos animais. Se, em seu tempo de criança, o *doberman* do vizinho quase o matava de medo toda vez que se aproximava dele, você não vai querer um *doberman* (na verdade, você pode ter alimentado o medo e a aversão a cães em geral). Mas, se tiver boas lembranças de sua tia favorita toda vez que vir um *poodle,* certamente vai gostar de conviver com um deles. Se um clássico gato amarelo foi seu companheiro constante quando você era pequeno, um gato parecido pode ser sua melhor escolha agora.

Escolha o que lhe dá mais prazer. O que é melhor, gato ou cachorro? Essa é uma batalha permanente. Vamos nos arriscar a despertar certa irritação, mas se estiver em dúvida sobre qual é o melhor bicho de estimação para você – e se não se importar realmente que seja um ou outro – arranje um cachorro. O cachorro é muito fiel. É mais provável que atenda a suas necessidades, melhorando sem saber sua saúde imunológica (a maior parte da pesquisa sobre os benefícios à saúde decorrentes da presença de um bicho de estimação concentrou-se em nossos amigos caninos. A maioria dos estudos sobre a relação entre auto-estima e os bichos também se concentrou na convivência com um cachorro).

Se você simplesmente não gosta de cães ou não se imagina andando com eles e limpando seu cocô, arranje um gato. O gato se ligará a você, mas nos termos dele. Lembre-se: embora possa ser mais auto-suficiente, um gato vai precisar tanto de você quanto um cachorro.

Uma palavrinha sobre pássaros (ou lagartos, porquinhos-da-índia ou qualquer outro animal que viva em gaiola). Você talvez fique surpreso em saber, mas os pássaros gostam tanto de ser afagados quanto os cachorros e os gatos. O mesmo se pode dizer das doninhas, dos camaleões, das tartarugas e das rãs. A ciência descobriu que os pássaros, além de imitar a fala humana, também se lembram de rostos de seu passado. Os sapos também são capazes de coisas incríveis. Não exclua nenhum animal de sua vida, mas avalie honestamente suas preferências.

Divisão de tarefas. Depois que a família concordar com a escolha do animal de estimação, todos devem participar dos cuidados e dos prazeres que essa pequena maravilha envolve. Todos devem alimentar o bichinho. Todos devem afagá-lo. A interação vai melhorar a comunicação entre os membros da família e pode servir muito bem para aumentar a saúde imunológica de todos.

Não permita rivalidades. Não há dúvida de que você verá que seu bichinho gosta de todos os membros da família, ainda que de formas ligeiramente diferentes. Às vezes o animal vem diretamente para seu colo. Outras vezes ignora você e vai para o colo de sua mulher, de seu filho ou de sua filha. Ele pode até ficar de mau humor e ignorar todos vocês. Não se aborreça. Curta essas diferenças e curiosidades da interação. São indícios de que você e sua família estão interagindo com outro ser inteligente e sensível que tem as próprias preferências emocionais e diferentes humores e necessidades em momentos distintos do dia e da noite.

Converse com os animais. Olhe nos olhos de seu bichinho e converse com ele. Você verá a reação. Verá a conexão direta e certo entendimento. Conte seus segredos mais bem guardados, fale de seus momentos mais constrangedores, de suas dúvidas e de seus defeitos mais horrorosos. Diga tudo o que quiser. Lave a alma e se sentirá melhor psicologicamente, sem falar nos benefícios imunológicos. Seu animal de estimação não se chocará com suas revelações, ele vai amá-lo assim mesmo – e não vai contar nada para ninguém.

Deixe que eles o divirtam. Do cachorro que pega biscoitos no ar e do gato que usa direitinho o vaso sanitário do banheiro até o papagaio que canta o Hino Nacional, sabemos que os animais de estimação são capazes de todos os tipos de malabarismo extravagante. Sabemos também como rir e gargalhar é importante para nossas defesas. Trata-se de mais uma sinergia entre prazer e maior proteção imunológica.

Dê uma volta. Os cachorros são os melhores animais de estimação do mundo quando se trata de envolver o dono em exercícios que melhoram a atividade imunológica. Mas muita gente também põe coleira em seus gatos e sai com eles para dar um passeio. Algumas lojas especializadas em nossos amigos de asas chegam até a vender coleiras para aves maiores, como cacatuas e araras.

Dê um bicho de estimação a seus pais. É provável que você jamais conhecesse o prazer de conviver com um animal se não fossem seus pais. E também é provável que eles ainda gostem muito da vida e do amor que os animais trazem consigo. Se você já teve de fazer a difícil escolha de levar um de seus pais para uma casa de repouso ou um centro de assistência hospitalar, considere a possibilidade de levar seu ente querido para um lugar que admita cães, gatos e pássaros.

Vire-se com uma imitação. Se você não puder, por qualquer motivo, abraçar um gato ou um cachorro de verdade, esqueça o orgulho, ignore o constrangimento e compre um ou dois bichinhos de pelúcia ou feltro. Os bichinhos de pano são mais que brinquedos para as crianças ou prêmios das bancas de tiro ao alvo das quermesses. Servem como travesseiro e objeto de decoração e têm impacto positivo sobre o sistema imunológico de toda a família. Os efeitos são menos pronunciados que os de um animal de verdade, mas mesmo assim você terá muitos benefícios se gostar de bichos.

Vá ao zoológico. O sistema imunológico pode beneficiar-se da mera presença de animais mesmo que estejam atrás das grades de uma jaula e seja impossível tocá-los. Planeje passar uma manhã ou uma tarde com a família ou um amigo no zoológico. Uma alternativa seria participar de um grupo de observação de pássaros para apreciar melhor a visão e os sons maravilhosos que eles proporcionam.

Fique de olho no reino animal. Conhecendo agora o impacto significativo que o simples fato de assistir a um bom filme ou programa na TV tem sobre o sistema imunológico, reserve parte de seu tempo para sintonizar emissoras de TV a cabo. Elas costumam apresentar belíssimos documentários sobre nossos amigos de pêlos, peles e penas e também perfis engraçados, inspiradores e profundos de criaturas exóticas do mundo inteiro. Os programas mostram que os animais não são muito diferentes de nós, e saber disso pode incentivar nossa identificação com seu comportamento e suas lutas.

Você também pode alugar muitos filmes cujas estrelas têm quatro patas. Para os iniciantes, sugerimos *Bambi* e *Old yeller*; ambos vão arrancar lágrimas de seus olhos. Para rir, experimente *That darn cat*. Para amar, alugue *A dama e o vagabundo*. Para inspiração, reveja *A história de Elza*. E, puramente por causa de sua doçura, seu humor e dos efeitos especiais merecedores de um Oscar, assista *Babe, o porquinho atrapalhado*, que ganhou o Globo de Ouro de 1996 como a melhor comédia musical sobre um porco que cuida do gado e de seus amigos do celeiro.

Ande logo, cachorrinho digital. Todo mundo precisa de um salva-tela no computador. Por que não colocar a imagem de seu animal favorito no monitor? Ao voltar para sua mesa depois de uma longa reunião, de uma conversa difícil com seu chefe ou até de uma deliciosa pausa para o café, não seria bom (e muito estimulante para seu sistema imunológico) deparar com a figura de seu animal predileto?

Pendure na parede. Você também pode decorar as paredes de sua casa com imagens de seus animais favoritos. Não, não recomendamos aquelas pinturas em veludo de cachorros que jogam pôquer, mas sugerimos que consiga algumas fotografias ou pinturas de animais para decorar vários ambientes de sua casa.

Capítulo 7

Humor

RIR É DE FATO O MELHOR REMÉDIO

*O coração alegre é bom remédio,
mas o espírito abatido faz secar os ossos.*
Provérbios, 17.22

Os médicos finalmente descobriram por que Norman estava sofrendo tanto – uma agonia que o deixara praticamente incapaz de se deitar, descansar e virar-se na cama sem recorrer a analgésicos, quanto mais de levantar-se e andar. Estava com espondilite ancilosante, uma doença reumática degenerativa e incurável que inflama e enrijece as articulações da coluna vertebral e do tórax.

Segundo as melhores estimativas científicas, Norman tinha cerca de três meses de vida. "Ponha suas coisas em ordem", foi o conselho dos médicos.

Quimioterapia e radioterapia foram os tratamentos prescritos, mas Norman recusou-se a fazê-los. Não se voltou para a religião, nesses últimos dias, em busca de cura miraculosa nem de perdão para seus pecados. Não se tornou um hedonista farrista e bêbado que não perdia nenhuma festa na tentativa desesperada de aproveitar a vida ao máximo enquanto durasse. Tampouco caiu em depressão profunda, resignando-se ao destino que lhe fora previsto. Estamos falando de Norman Cousins, o querido editor da prestigiosa *Saturday Review* e autor de *Anatomy of an illness* [Anatomia de uma doença], que venceu dificuldades consideradas intransponíveis e superou uma doença incurável com aparentemente pouco mais que um monte de boas gargalhadas.

Morrer de Rir? Que Nada!

Cousins recebeu seu diagnóstico e sua sentença de morte a ser cumprida em três meses em 1964, quando tinha 39 anos. Depois de ler a pesquisa pioneira de Hans Selye que relacionava o estresse ao estado de saúde, resolveu largar tudo e testar a antiga premissa da *Reader's Digest* de que rir é o melhor remédio. Começou um regime diário de filmes dos irmãos Marx, dos curtas-metragens dos Três Patetas e de episódios de *Candid Camera* [Câmera Indiscreta] (também tomou muita vitamina C). Depois de apenas dez minutos rindo até não poder mais, Cousins também percebeu que conseguia dormir sem sentir dor e sem necessidade de remédios durante duas horas. Até os médicos notaram que, após uma boa gargalhada, as inflamações dele, por motivos que não sabiam explicar, diminuíam.

O prazo de três meses esgotou-se – e passou. Cousins não morreu. Como as sessões diárias de risadas continuaram nos três meses seguintes, o editor da *Saturday Review* ainda estava vivo e passando bem! A espondilite ancilosante já não devastava seu corpo. A doença tivera remissão completa.

Mais de uma década depois, em 1979, Cousins, ainda saudável, recordou sua provação e sua recuperação no livro *Anatomy of an illness*. Tornou-se também professor-adjunto do departamento de medicina comportamental da Escola de Medicina da Universidade da Califórnia (Ucla), em Los Angeles, onde criou uma força-tarefa de humor para promover e coordenar a pesquisa sobre o impacto do riso na saúde. Mais tarde, o Instituto de Aids da Ucla criou o Programa de Psiconeuroimunologia Norman Cousins para financiar tanto pesquisas de psiconeuroimunologia (PNI) quanto treinamentos médicos. Cousins foi um ardoroso defensor da medicina corpo-mente pelo resto da vida. Deu sua última gargalhada em 1990, quando morreu, com a idade avançada de 75 anos.

Farmácia engraçada e medicina cômica?

Será que a remissão da doença de Cousins não tem relação alguma com sua terapia do bom humor? É claro que sim. Muitas doenças desaparecem espontaneamente por razões desconhecidas. Cousins era um homem só, e suas crônicas não constituem nem representam um experimento científico. Será que sua recuperação extraordinária e inexplicável pode ser atribuída, ao menos em parte, às risadas e às emoções positivas? Repetimos: é claro que sim. Ele acreditava nisso. E nós também.

Na década de 1960 e 1970, a noção pioneira de Cousins não foi confirmada nem mesmo por um fiapo de evidência médica. Mas hoje todo um conjunto de pesquisas científicas defende a proposição de que o bom humor está ligado à saúde óssea.

Deixe o Sorriso Ser sua Proteção (Imunológica)

Na esteira da publicidade gerada pela recuperação de Cousins, alguns pesquisadores começaram a submeter as declarações do editor à investigação científica. Numa das primeiras, um pequeno estudo realizado em 1985 e dirigido por Kathleen Dillon, Ph.D., psicóloga do Colégio da Nova Inglaterra Ocidental, Massachusetts, quatro homens e seis mulheres assistiram, durante meia hora, a um vídeo que mostrava Richard Pryor ao vivo. Depois assistiram a outro vídeo, desta vez sem

Dose dupla de saúde: filmes e propagandas de TV que vão fazer você rir

Na primavera de 2000, o venerável American Film Institute publicou sua lista dos 100 filmes mais engraçados de todos os tempos. *Quanto mais quente melhor*, com a dupla Jack Lemmon e Tony Curtis vestidos de mulher, ficou em primeiríssimo lugar, seguido por fitas notáveis como *Tootsie, Dr. Fantástico, Noivo Neurótico, Noiva Nervosa, Diabo a Quatro, Banzé no Oeste, M*A*S*H, Aconteceu naquela noite, A Primeira Noite de um Homem e Apertem os Cintos! O Piloto Sumiu*. A lista pode ser encontrada no *site* www.afionline.org.

Durante semanas e semanas, essa lista foi um assunto maravilhoso para iniciar conversas e uma terrível desencadeadora de brigas em casa e no trabalho. Nós, como observadores tanto da psique quanto do humor, não concordamos com todas as escolhas. Embora todos os filmes do topo da lista sejam realmente engraçados, com exceção de dois, há outros muito mais divertidos. À guisa de serviço de saúde pública mental e imunológica, apresentamos nossas escolhas, extremamente subjetivas, não só dos filmes mais engraçados que já vimos mas também dos programas de TV mais cômicos. Aqui estão – sem nenhuma ordem de preferência.

Filmes engraçados

Apertem os cintos! O piloto sumiu. Um dos mais engraçados de todos os tempos, parodia os filmes de catástrofe da década de 1970. Leslie Nielsen rouba a cena no papel de um médico a bordo do malfadado vôo. "É melhor você dizer ao comandante que temos de aterrissar o mais rápido possível. Esta mulher tem de ser levada para um hospital!", ele ordena à aeromoça Julie Hagerty. "Um hospital? Mas do que se trata?", pergunta ela, querendo saber o que havia de errado com a mulher que passava mal. "É um edifício grande cheio de pacientes", responde Nielsen.

Austin Powers – o agente "bond" cama. Como ele próprio reconhece sem hesitar, Powers botou pimenta na "balada". Mike Myers, outro discípulo de *Saturday night live*, parodia os filmes de espionagem da década de 1960 e toda a era psicodélica, de roupas a músicas, passando pelo comportamento. "Como foi que você entrou nessa?", pergunta Powers à tentadora Felicity Shagwell falando de sua calça comprida que, de tão apertada, parecia ter sido pintada sobre o corpo. "Bem", responde ela, "que tal começar me pagando um drinque?"

Clube dos pilantras. Um filme aparentemente sobre golfe, mas as vinculações com o esporte são apenas uma gota d'água nesse mar de piadas. "Não sou muito desajeitado, sou?", pergunta o personagem de Ted Knight a Chevy Chase. "Não seja tão duro consigo mesmo, juiz", responde Chase com simpatia, procurando tranqüilizar o outro. "O senhor é incrivelmente desajeitado."

Diabo a quatro. Um clássico de 1933 dos travessos irmãos Marx que resistiu à prova do tempo com uma sucessão alucinada e ininterrupta de piadas inesquecíveis e diálogos cheios de trocadilhos. A certa altura, prometem a Chico "sete anos no País das Maravilhas ou onze anos no Sétimo Céu", ao que ele responde: "Vou preferir as Lojas Americanas".

Caça-fantasmas. Quem mais você chamaria além de Bill Murray e companhia quando um fantasma gigantesco e aterrorizante faz estragos numa grande metrópole? É um filme engraçado, cheio de diálogos clássicos, bons efeitos especiais e um tema musical delicioso.

História do mundo, parte I. O gênio da comédia que ajudou o ano 2000 a fazer um exame picante da vida na Terra desde o começo dos tempos. No papel do imperador Cômicus, Brooks nota que "a única coisa para a qual nós, romanos, não temos um deus é para a ejaculação precoce. Mas ouvi dizer que ele não vai demorar a aparecer".

Corra que a Polícia vem aí. Leslie Nielsen foi promovido, passando do papel de médico em *Apertem os cintos!* para o do investigador policial Frank Drebin nesta série igualmente estapafúrdia de paródias de filmes policiais.

Férias frustradas. Chevy Chase leva essa família estranhamente normal para um passeio perigosíssimo em Wally World, um parque temático. A família acaba conseguindo sair de lá, mas não sem percalços hilários a cada minuto. Por que eles vão de carro em vez de ir de avião? Como Chevy explica no filme: "Porque metade do barato é chegar lá".

A Pantera cor de rosa. O primeiro de uma série de filmes hilariantes estrelados pelo impagável Peter Sellers no papel do inspetor Jacques Clouseau. "Que tipo de bomba foi plantada aqui?", pergunta alguém ao engenhoso detetive francês. "Daquele que explode", responde ele com o rosto impassível.

Mong & Lóide. O falecido Chris Farley mostra um pateta adorável tentando salvar os negócios da família com a ajuda de seu amigo David Spade, outro discípulo de Saturday night live. Comédia de alta qualidade.

Programas de televisão (dos Estados Unidos)

The Bob Newhart show. O doutor Bob Hartley, psicólogo de Chicago, é o veículo perfeito para o humor direto e debochado do lendário Bob Newhart. Nós gostamos porque o personagem é psicólogo. Você vai gostar porque ele, sua mulher, seus amigos e seus pacientes são todos muito engraçados.

Cheers. Será que todo mundo devia saber seu nome? Por que não? Todos sabemos o nome de Sam, Diane, Frasier, Norm, Cliffy e Carla. E adoramos o fato de eles terem chegado à tela da TV.

M*A*S*H. A guerra pode ser um inferno, mas não se você tiver a oportunidade de entrar no 4077º Hospital Cirúrgico Móvel do Exército. Os fãs podem achar que os primeiros episódios – muito birutas – eram mais engraçados que os mais recentes, cheios de uma indignação justificada; mas Hawkeye, Trapper, B.J. Henry, o coronel Potter, Margaret, Frank, Charles, Radar, Klinger e o padre Mulcahy sempre usaram o humor, a ironia e a insanidade pura e simples para mostrar a desumanidade terrível da guerra – e a força redentora e irresistível do riso diante da morte. Outros programas de TV podem ser até mais engraçados, mas talvez nenhum deles tenha feito uma defesa mais comovente e eficaz da possibilidade de combater o estresse e a adversidade com o humor.

Seinfeld. Jerry, Elaine, George e Kramer na Nova York da década de 1990. Um nazista trapalhão, uma tabacaria indiana, uma festa de crianças meio maluca, um pássaro morto, a noiva de George morta num acidente – rá, rá, rá. É engraçado. Não deixe de ver.

Os Simpsons. São poucos os programas sempre tão engraçados em tantos planos. Ao contrário de *Os Flintstones*, que era incrivelmente parecido com *The honeymooners*, de Jackie Gleason, os criadores de *Os Simpsons* foram pioneiros, e seus personagens serviram de base a outras comédias de costumes menos brilhantes com gente de verdade.

A beleza de uma sonora gargalhada

E *I love Lucy?* E *All in the family, Frasier* e *Everybody loves Raymond?* E *Hee Haw* e *Monty Python's flying circus?* E que tal *This is spinal tap, Feitiço da Lua, Professor aloprado, Às voltas com Fantasmas,* além de todos os trabalhos de Woody Allen e tantos outros filmes e programas de televisão hilariantes?

Bem, essa é a melhor parte: o humor é completamente subjetivo. Você nunca erra. Seja o que for que ache engraçado, isso vai aumentar sua taxa de IgA e melhorar suas defesas contra as doenças. Não importa se dois psicólogos gostam ou não. Quem somos nós para julgar? Em todo caso, é óbvio que nosso gosto em matéria de cinema tende para a comédia-pastelão. Nossas sugestões são apenas um trampolim. O que importa é que *você* goste. *De gustibus non disputandum est,* diz esse provérbio latino, que poderíamos traduzir por "gosto não se discute". Desde que você goste e que o faça rir, qualquer coisa pode ser uma contribuição para sua saúde imunológica.

lances de humor. Quando acabaram de rir com Pryor, a taxa de imunoglobulina A (IgA) dos participantes subira 20%. Depois de assistir à outra fita, essa taxa ainda não se alterara. Mas a doutora Dillon e seus colaboradores não pararam por aí. Deram um questionário aos dez participantes do estudo cujo objetivo era saber se usavam ou não o humor para resolver seus problemas. Aqueles que tendiam ao humor como mecanismo de enfrentamento tinham contagens iniciais mais elevadas de IgA.

No início da década de 1990, a relação entre humor e imunidade passou a ser mais bem documentada graças em parte ao trabalho de Herbert Lefcourt, Ph.D., psicólogo da Universidade de Waterloo, no Canadá. Num artigo de 1990, Lefcourt apresentou os detalhes de três estudos relacionados ao humor. No primeiro, 45 estudantes universitárias riram durante toda a gravação em fita cassete do clássico *2.000 year-old man,* com Mel Brooks e Carl Reiner. No final da apresentação, a taxa de IgA das moças tinha aumentado, embora não na mesma medida documentada pelo experimento do Colégio da Nova Inglaterra Ocidental. Será que o efeito de só ouvir a paródia tem menos influência sobre a imunidade, ao menos quando se trata de rir?

O doutor Lefcourt e seus colaboradores realizaram outra pesquisa, desta vez apresentando um vídeo de trinta minutos intitulado *Bill Cosby, himself.* Talvez o filme de Cosby seja até mais engraçado que o de Brooks e Reiner porque o exame do sistema imunológico dos participantes respondeu com elevações de IgA comparáveis às do estudo do Colégio da Nova Inglaterra Ocidental. Além disso, pesquisadores da Universidade de Waterloo também aplicaram um questionário para medir o senso de humor dos participantes de seu estudo. Os que tinham mais senso de humor mostraram aumentos enormes da IgA depois de assistir ao vídeo de Cosby. Isso faz sentido intuitivamente: quanto mais você curte o lado engraçado da vida tanto mais se beneficiará.

Os mais engraçados dos Estados Unidos?

Entre todas as evidências científicas que atestam a melhora imunológica provocada pelo riso, três estudos em particular mostram diferentes aspectos da premissa.

♦ Em 1995, um casal de pesquisadores da Universidade de Tecnologia do Arkansas, Roy Lambert e Nancy Lambert, ambos diplomados em Enfermagem, perguntavam-se se as crianças também teriam benefícios imunológicos com o humor. Reuniram 39 crianças da quinta série, ligaram a TV e o gravador de vídeo e deixaram-nas assistir a trechos dos *Vídeos domésticos mais engraçados dos Estados Unidos*, principalmente fitas em que recém-casados caíam em cima do bolo de casamento, pais davam mergulhos inesperados na piscina e bebês eram vigiados pelo cachorro da família. As 39 crianças gostaram do que viram: a taxa de IgA de seu organismo aumentou significativamente.

♦ Se for engraçado, não há como não se beneficiar. Já tentou segurar o riso alguma vez na vida? Talvez gargalhar seja inapropriado conforme a situação: se seu chefe, por exemplo, disser uma besteira daquelas durante uma reunião de equipe. Talvez você não queira agravar o constrangimento do objeto de suas risadas, como no caso de algum amigo que tem voz de taquara rachada pensar ser Caruso em sua versão de "Feelings" no karaokê. Não importa se você riu ou não às bandeiras despregadas, segundo um estudo de Susan Labott, Ph.D., e seus colaboradores da Universidade de Toledo, em Ohio. Os pesquisadores convidaram 39 universitárias e exibiram para elas o vídeo *Bill Cosby: 49*. Depois pediram às moças que prestassem atenção e dessem expressão plena a suas emoções ou inibissem todo e qualquer desejo de rir ou sorrir. Quer tenham rido abertamente, quer não, a IgA de todas elas aumentou.

Em outras palavras, o benefício imunológico está fora de nosso controle. Se você disfarçar o riso ao ver um boboca cair numa poça d'água – mesmo que esteja gargalhando por dentro sem dar nenhuma demonstração externa –, seu sistema imunológico vai rir com você e beneficiá-lo.

◆ Em um estudo dirigido por Lesley Harrison, Ph.D., e seus colaboradores na Universidade de Birmingham, na Inglaterra, trinta universitários saudáveis, divididos igualmente entre homens e mulheres, assistiram a três clipes de dez minutos cada um cujo objetivo era despertar emoções diferentes. Um deles mostrava uma pessoa contando piadas e pretendia fazer rir, o segundo mostrava a decisão por pênaltis de uma partida entre a Inglaterra e a Argentina na Copa do Mundo e pretendia criar suspense e o terceiro, uma apresentação de questões matemáticas, serviu de controle neutro (ou tedioso). O interessante é que a IgA aumentou após a exibição das três fitas independentemente do conteúdo. Tanto as piadas quanto a partida decisiva e as equações matemáticas parecem ter tido o mesmo peso imunológico.

Alguns fatores, porém, podem explicar as discrepâncias estranhas com outra pesquisa. Em primeiro lugar, os participantes do estudo só viram cada filme durante dez minutos, em contraposição à meia hora ou mais dos outros experimentos. Dez minutos podem não ser tempo suficiente para que os benefícios imunológicos do humor se manifestem plenamente. Além disso, os participantes do estudo assistiram aos três clipes no período relativamente curto de duas horas. Ainda que o mesmo número deles assistisse aos clipes em todas as ordens possíveis, talvez tenha havido alguma "contaminação" de um filme para outro que pode ter obscurecido toda e qualquer influência positiva do humor sobre a IgA.

Mas o aspecto mais interessante do estudo de Birmingham foi o fato de que os filmes afetaram as medidas cardiovasculares dos fatores relacionados ao estresse (esse experimento prenuncia o que a próxima seção vai apresentar sobre as razões pelas quais o riso melhora as defesas imunológicas). O evento esportivo aumentou a pressão sanguínea e os batimentos cardíacos dos espectadores, indicando a ativação do sistema nervoso simpático (provocada pelo estresse).

Por outro lado, o clipe de piadas diminuiu a pressão sanguínea e os batimentos cardíacos, o que está associado à queda do estresse e à atividade menor do sistema nervoso simpático. Não é de surpreender que o riso diminua o estresse e sua capacidade de causar danos fisiológicos.

Quanto mais alegre melhor

A ciência tende a concentrar-se na IgA como indicador de atividade do sistema imunológico porque, afinal de contas, ela é a primeira linha de defesa do organismo contra a infecção e a doença e porque é relativamente fácil medi-la. Portanto, não pense que o humor não afeta outros parâmetros imunológicos. Na verdade, foi feita outra pesquisa, dirigida em parte por Lee S. Berk, médico da Escola de Medicina da Universidade Loma Linda, da Califórnia, e seus colaboradores. Eles documentaram o fato de que o riso reprimido, o riso solto e a gargalhada também aumentam as taxas de IgM e de IgG, outras duas imunoglobulinas, bem como as células T auxiliares, as células matadoras e outras.

O Significado do Riso

A verdade nua e crua é que o riso e um bom senso de humor ajudam a enfrentar melhor o estresse e seus profundos efeitos fisiológicos.

Todos nós já rimos a ponto de praticamente chegar à exaustão física. Talvez tenha sido por causa das muitas cenas impagáveis de tantas boas comédias ou talvez por causa de uma história engraçada e constrangedora que ouvimos um amigo contar numa festa. Seja qual for o motivo, as gargalhadas incontroláveis fazem duas coisas: queimam calorias e eliminam substâncias químicas relacionadas ao estresse.

Você provavelmente nunca vai perder muitos centímetros de cintura com suas risadas, mas William Fry, médico e professor emérito da Escola de Medicina da Universidade Stanford, calcula que 100 risadas consecutivas equivalem, em termos aeróbicos, a quinze minutos de exercício numa bicicleta ergométrica. No entanto, o mais importante é o exercício que está na causa das risadas. Ele reduz a tensão muscular, explica o professor, e ajuda o corpo a relaxar.

A redução do estresse decorrente do riso é benéfica tanto fisiológica quanto emocionalmente, seja qual for a situação, diz Paul E. McGhee, Ph.D. e psicólogo comportamentalista que deixou anos de academia para criar a Laughter Remedy (Clínica da Risada), empresa de Nova Jersey que defende o uso do humor em qualquer ambiente, da diretoria das grandes empresas à ala de oncologia dos hospitais.

Sorria e resista (melhor)

Quanto mais variado for seu arsenal para enfrentar as dificuldades e quanto mais você olhar seus problemas pela perspectiva do riso tanto menos provável será que as adversidades o afetem, segundo o doutor Lefcourt, da Universidade de Waterloo, e seu colaborador, Rod Martin, Ph.D., também psicólogo. A dupla é responsável por grande parte da pesquisa moderna sobre a relação entre humor e estresse. Em 1983, os dois publicaram um artigo que detalhava os resultados de seu Questionário de Resposta a uma Situação Engraçada, pesquisa de dezoito tópicos, para saber se as pessoas achariam graça em situações variadas, como ir a uma festa e ver alguém vestido com roupas idênticas às suas.

Para as pessoas que têm senso de humor, os eventos negativos da vida não causam grandes perturbações. Mas aquelas que nunca cultivaram essa característica têm muito mais probabilidades de ser afetadas por eventos desagradáveis. Será que essa relação se traduz em imunidade maior? Segundo um estudo posterior feito pelos psicólogos de Waterloo, a resposta é afirmativa. Depois de fazer a contagem da associação geral entre o riso e a taxa da principal imunoglobulina, os pesquisadores mostraram que as pessoas que têm pouco senso de humor apresentaram quedas pronunciadas de IgA ao deparar com problemas cotidianos. As pessoas que riem mais têm queda menor de IgA.

A pesquisa de Martin e Lefcourt deu bases mais sólidas à relação humor-estresse. Se você não perceber o humor de certas situações sombrias, seu astral não vai melhorar e sua IgA não vai subir.

O efeito marreta

Será que ainda precisamos enfatizar mais a influência do humor sobre a redução do estresse e o fortalecimento imunológico? Será que temos de bater em sua cabeça com uma marreta, à moda dos Três Patetas? Bem, o doutor Berk e seus colaboradores da Escola de Medicina da Universidade Loma Linda incorporaram a marreta em sua documentação de redução específica e concreta de substâncias químicas relacionadas ao estresse provocada por uma situação engraçada.

Nos idos de 1989, eles recrutaram voluntários e pediram a eles que ficassem sentados em silêncio durante sessenta minutos ou assistissem a um vídeo de uma hora de duração com Gallagher, o comediante contador de piadas que usa uma boina, conhecido por esmagar melancias (e outros objetos com os quais é possível fazer uma sujeira daquelas) com uma marreta. O cortisol, o hormônio clássico do estresse, caiu em ambos os grupos, mas caiu mais nas pessoas que viram Gallagher. Os participantes expostos ao humor físico do comediante também tinham taxas menores de epinefrina e do hormônio do crescimento, duas outras substâncias químicas que indicam a reação do corpo ao estresse por meio da supressão do sistema imunológico.

Será que você precisa de uma marreta para fazer seu sistema imunológico funcionar? Esperamos que não. Supomos que a redução de cortisol, epinefrina e outros indicadores de estresse ocorra independentemente desse tipo de estímulo. "Descascar os abacaxis" da vida deveria ser tão estimulante para o sistema imunológico quanto um martelo que acerta a cabeça de um personagem de desenho animado.

Lágrimas de Palhaço:
a Tristeza não Faz tanto Mal assim

Linda Richman, a personagem de Mike Myers em *Saturday night live* que protagonizava o segmento "Coffee Talk", foi muitas vezes de uma pieguice atroz. Nas tentativas de recuperar a compostura, ela apresentava a seu público um tema de conversa ("Rhode Island não é uma estrada nem uma ilha. Discuta isso", por exemplo.) Depois de seus episódios chorosos, ela sempre parecia sentir-se melhor, assim como seus espectadores que riam.

Muitas mulheres, embora não muitos homens, dizem sentir-se bem melhor depois de um bom choro. Mas algumas pesquisas ligam os soluços à supressão imunológica. Um exemplo: os mesmos participantes do estudo da Universidade de Toledo que viram Bill Cosby também assistiram a um vídeo muito triste e piegas que documentava uma visita a uma casa de repouso. Pediu-se a alguns deles que dessem plena vazão a seus sentimentos, enquanto a outros se pediu que engolissem as lágrimas. Entre os que choraram abertamente durante a sessão, a quantidade de IgA caiu. Mas isso não aconteceu entre os que se contiveram. A impressão foi de que chorar faz mal ao sistema imunológico.

Mas não aceite de imediato essa conclusão apressada. Parece que a hora em que a gente chora é decisiva.

Fizemos um estudo semelhante no qual os participantes assistiram, durante trinta minutos, a um filme triste. Todos eles pareciam tristes com o que viram. Os que se mantiveram impassíveis, sem lágrimas, mostraram reduções da taxa de IgA. Os que soluçaram não tiveram alterações de IgA. O indicador imunológico não aumentou, mas também não diminuiu.

Como se explica, então, essa discrepância da literatura médica? Achamos que está relacionada ao momento em que os pesquisadores mediram a IgA. Considere os níveis de imunoglobulina e estresse, por exemplo. Alguns experimentos mostram que, no exato momento em que você percebe a existência do fator estressante, sua IgA sobe por um breve instante. Mas logo depois dessa elevação inicial, ela diminui muito previsível e claramente. O choro pode produzir efeito inverso: quando as lágrimas começam a rolar, a taxa de IgA cai inicialmente, mas logo depois volta a subir.

Dados clínicos e o senso comum sugerem que um bom choro é exatamente isso – bom para você. Expressar emoções, sejam quais forem, é bom para você. Até dar vazão a emoções negativas provoca a melhora imunológica, segundo uma série de experimentos realizados na década de 1990 por uma equipe de pesquisadores liderados por Roger Booth, Ph.D. pela Universidade de Auckland, na Nova Zelândia, e James Pennebaker, Ph.D. pela Universidade do Texas, em Austin. Essa contribuição transcontinental examinou os efeitos tanto da expressão quanto da repressão das emoções.

Em um dos experimentos, os cientistas pediram a 65 estudantes de Medicina da Universidade de Auckland para sentar-se durante quinze minutos e escrever sobre um tema de profundo significado emocional ou sobre alguma coisa absolutamente neutra. Depois pediram à metade de cada grupo para pensar com detalhes nos temas escritos. A outra metade foi instruída a tirar completamente o assunto da cabeça. Esse exercício foi repetido durante três dias consecutivos. Os pesquisadores tiraram amostras de sangue antes e depois de cada exercício de redação.

Entre os que reprimiram seus pensamentos, a quantidade de linfócitos T em circulação declinou visivelmente, houvesse ou não carga emocional. Mas dar vazão aos pensamentos contidos na redação aumentou a quantidade de células T. O número total de linfócitos também aumentou.

Esses resultados são bem esclarecedores. Nesse caso, o centro da questão é o momento das mensurações. Os participantes do estudo escreveram durante quinze minutos e depois lhes foi pedido que refletissem ou reprimissem seus pensamentos durante apenas cinco minutos. Faça as contas e verá que o vigor do sistema imunológico pode mudar significativamente em apenas vinte minutos.

Moral da história: reprimir pensamentos, seja qual for seu teor, é prejudicial ao sistema imunológico. Provoca alterações fisiológicas evidentes que provavelmente estão relacionadas ao estresse. Manifestar qualquer tipo de emoção e até escrever sobre isso acelera a atividade imunológica, ao passo que tentar reprimi-la provoca a queda do funcionamento do sistema imunológico.

Portanto, se você tem um pensamento negativo ou penoso na cabeça, é melhor pôr tudo para fora. Não procure ignorar o problema, pois isso não o fará desaparecer, e você sabe disso. Será preciso enfrentá-lo mais cedo ou mais tarde. Como já dissemos antes, as mulheres tendem a se sair melhor nesse aspecto que os homens. Notamos também que, em geral, os homens morrem seis anos antes das mulheres. Não estamos sugerindo que essa tendência emocional seja o único elemento responsável pela diferença de longevidade, mas acreditamos em sua importância.

Ligue-se...
...ao humor

Pessoas psicologicamente sadias não riem o tempo todo – nem deveriam. Algumas coisas são inquestionavelmente tristes e sérias e devem ser tratadas com respeito. A negação também não é saudável, portanto não é aconselhável usar um senso de humor incrível para evitar certas situações problemáticas. Sendo assim, agora podemos fazer nossas sugestões, nascidas do puro e simples bom senso.

Procure ver o lado engraçado das coisas. Seja mais leve. A vida lança absurdos em seu rosto todos os dias. Sem dúvida muitos deles, ou todos, tiram a gente do sério, mas, se você visse essas situações numa comédia de costumes da TV ou num filme, riria às bandeiras despregadas do ridículo da coisa. Você não riria apenas da provocação mas também da reação da vítima indefesa, que está soltando fogo pelas ventas. Não perca de vista a seriedade de nenhum acontecimento, mas ponha-se fora dele por um momento e ria do que tem de engraçado.

Risadas de aluguel. Vá à locadora de vídeos mais próxima e dê uma olhada na seção de comédias. Use a lista dos 100 filmes mais engraçados de todos os tempos, feita pelo American Film Institute, ou, como preferiríamos, com um toque de profissionais da psicologia, escolha uma de nossas sugestões (veja o quadro "Dose dupla de saúde: filmes e programas de TV que vão fazer você rir", neste capítulo). Você também pode fechar os olhos, pôr o dedo num vídeo e arriscar. Seja como for, vai dar pelo menos algumas gargalhadas.

Dê uma chance à TV. A televisão continua sendo uma fonte de bom divertimento. Existe em seu acervo um verdadeiro tesouro de gargalhadas. Graças à TV a cabo, você pode escolher qualquer coisa, de programas antigos à estréia das mais novas comédias de costumes. Sente-se no sofá, pegue o controle remoto e veja o que está sendo exibido nos mais diversos canais. É bem provável que encontre alguma coisa que o faça rir.

Dê um pulo ao teatro. Se a TV não faz a sua cabeça, vá ao teatro. Você sai de casa, encontra-se com amigos ou com a pessoa amada e se diverte. Até a pior das supostas comédias tem uma ou duas cenas redentoras do sistema imunológico.

Converse. Se você assistiu a um filme engraçado no fim de semana ou viu uma reprise hilária de *Friends,* fale disso no trabalho ou na próxima festa a que comparecer. Inicie uma conversa sobre humor: é provável que tudo acabe no meio de uma discussão engraçadíssima. Troque versos e piadas com seus amigos. Mesmo que você e seus amigos discordem da maneira mais ruidosa possível, a interação fará um bem danado ao sistema imunológico de todos.

Ao vivo e em cores. Nos Estados Unidos, todas as cidades têm pelo menos um clube de piadistas hoje em dia. Reúna alguns amigos e faça o mesmo. Você vai relaxar, curtir a companhia das pessoas, tomar alguns drinques e rir. Jay Leno, Jerry Seinfeld, Tim Allen e Robin Williams são alguns dos grandes astros que iniciaram a carreira como contadores de piadas no circuito desses clubes.

Chore feito bezerro desmamado. Às vezes a tristeza faz bem. Se você estiver triste, assuma. E, se for o caso, não hesite em derramar lágrimas. Apesar da divergência existente na literatura médica, acreditamos que chorar beneficia tanto o estado emocional quanto o sistema imunológico. Negar emoções desagradáveis ou sombrias não as fará desaparecer. Mas não fique remoendo a situação. Primeiro porque ela pode acabar por tornar-se perpétua, principalmente se seu baixo-astral atrair um pouco mais a atenção de seus familiares e amigos. Em segundo lugar, porque esses mesmos amigos e familiares podem ficar cansados de suas lamentações.

Capítulo 8

Luz, visão e intuição

VEJA A LUZ E ALIMENTE A FÉ

Espaço, luz e ordem. Essas são coisas de que o homem precisa tanto quanto de pão ou de um lugar onde dormir.
Le Corbusier, arquiteto suíço

"Haja luz", diz o livro do Gênese. Que frase maravilhosa! Mas o que a pesquisa tem a dizer sobre as relações entre a luz e o sistema imunológico? A luz, ou mais tecnicamente a fototerapia, é usada há muito tempo para tratar o distúrbio afetivo sazonal (DAS), um tipo de depressão comum no inverno. A luz também tem sido usada como terapia complementar para favorecer a cicatrização de feridas (a luz ajuda a eliminar a umidade da ferida e com isso torna a região menos propícia aos micróbios).

A luz é imunossupressora e, por isso mesmo, parece reduzir a velocidade do processo auto-imune. É também usada no tratamento de bebês com icterícia. Existem evidências a respeito da luz do sol e da atividade do sistema imunológico? Sim, mas são conflitantes.

Em estudo realizado em 1995 na Universidade da Pensilvânia, em Filadélfia, por exemplo, alguns ratos foram inoculados com o vírus de leucemia murina (de ratos) e expostos a uma entre várias formas de iluminação. Em um dos grupos, os ratos foram expostos ao ritmo constante de dez horas de luz (10L) seguidas de catorze horas de escuridão (14E). Outro grupo foi mantido sob luz constante (LL). O terceiro grupo foi exposto à rotatividade, durante a qual havia uma seqüência de 10L e 14E alterada a cada três dias. Os autores mediram a contagem de DNA pró-viral, um indicador da taxa de infecção viral. Descobriram que, uma semana depois da inoculação, os ratos sob luz constante e os do esquema de rotatividade tinham menos DNA pró-viral que os de controle. Além disso, após quinze semanas, o timo dos animais de controle mostrava sinais de infecção, enquanto o timo dos ratos sob luz constante e de seus congêneres do esquema de rotatividade não apresentava infecção. É evidente que as várias proporções de luz e escuridão podem afetar o curso de uma infecção, embora o motivo exato não esteja muito claro. A mudança de proporções de luz e escuridão provavelmente altera os ritmos hormonais e, por conseguinte, o curso da infecção.

Visualização

Muitos atletas têm a maior confiança na visualização como forma de melhorar seu desempenho. Jogadores de basquete, por exemplo, muitas vezes visualizam um lance em que a bola passa pela cesta antes da jogada. Jogadores de golfe também procuram visualizar a direção e a velocidade da bola antes de bater nela. Afirmam que isso ajuda a pontaria (experimentamos essa técnica num curso de golfe e não tivemos nenhum benefício com a visualização, mas provavelmente há um limite mínimo de habilidade que é preciso atingir para o método ser eficaz). O que você diria se lhe contássemos que alguns cientistas defendem o mesmo tipo de procedimento para o sistema imunológico?

Procure relaxar e visualizar as células de seu sistema imunológico como pequenos Pac-Men (do popular *videogame* da década de 1980). Imagine os Pac-Men devorando as células cancerosas, que você pode visualizar como pontinhos de luz na tela que os Pac-Men comem. Você pode também imaginar as células cancerosas como gelo e seu sistema imunológico como a luz solar, que as derrete. E se disséssemos que essas técnicas podem realmente ajudar o sistema imunológico a funcionar? Há alguns defensores célebres dessa visão fascinante, embora os dados empíricos que confirmam a idéia sejam, na melhor das hipóteses, escassos.

As pessoas mais vinculadas à visualização como auxiliar do tratamento tradicional de câncer são O. Carl Simonton, físico que atualmente trabalha no Centro de Câncer Simonton de Pacific Palisades, na Califórnia, e Stephanie Matthews-Simonton, psicóloga clínica. Juntos, eles criaram o Método Simonton, uma combinação de relaxamento e visualização. Seu livro mais famoso, *Com a vida de novo*, descreve a experiência de ambos com pacientes de câncer que adotaram essa técnica. O livro conta a história de muitos pacientes que se curaram ou sobreviveram muito mais tempo que o previsto.

O Método Simonton tem um número considerável de defensores, a maioria composta de pacientes de câncer e de pessoas habilitadas a aplicá-lo. A idéia em si tem muitos aspectos atraentes. Todos queremos acreditar que, se nos concentrarmos bastante em alguma coisa, ela poderá ocorrer, principalmente em casos de eliminação ou redução de um câncer. É possível até mesmo descrever como isso funcionaria. O relaxamento diminui o estresse, por exemplo, o que inspira sentimentos de esperança e reduz o negativismo. Todos esses fatores podem trabalhar juntos ou separadamente para melhorar o estado dos pacientes de câncer.

Essas técnicas de visualização têm algum problema? Em resumo, sim. Há muito poucos estudos controlados que investigaram a visualização, e os que existem estão, de modo geral, combinados a outras formas de manipulação, como relaxamento e música. Portanto, a visualização propriamente dita ainda está por pesquisar. É possível que funcione (das formas que acabamos de descrever) para reduzir ou eliminar o câncer? Sem dúvida, mas sem provas empíricas não podemos dizer nada de definitivo. Pelo menos o relaxamento e o emprego da visualização não são drogas perigosas que ainda não foram testadas e não prejudicam ninguém. Mas *nunca* devem ser usados no lugar das terapias tradicionais.

Prece e Religião

Muitas pesquisas indicam que a maioria dos norte-americanos acredita em Deus e na existência de céu e inferno, além de rezar regularmente. A fé parece promover a impressão de que a vida tem sentido. E se lhe disséssemos que ela também promove seu sistema imunológico e sua saúde? Existem alguns dados fascinantes que demonstram que as pessoas que têm fé e costumam freqüentar algum culto religioso curam-se mais depressa e em geral têm mais saúde do que aquelas que não rezam. Talvez mamãe tivesse razão quando falava da necessidade de ir à igreja. Vamos comentar alguns estudos e o que indicam e depois discutir o que os dados realmente significam.

Um estudo do final do século XIX foi realizado por *sir* Francis Galton, um primo do criador da Teoria da Evolução, Charles Darwin. Galton era um cientista eclético, fascinado por grande número de fenômenos. Estava interessado na inteligência e fez uma série de mensurações em grande número de pessoas na tentativa de provar sua crença de que a maior parte da inteligência é hereditária. Em seu livro intitulado *Hereditary genius* [Gênio hereditário], ele diz que a inteligência é herdada porque vários parentes de pessoas notáveis pelo intelecto também eram muito inteligentes (numa demonstração de "modéstia", incluiu a si mesmo e a Darwin como exemplos). Galton também inventou uma fórmula para calcular as correlações, conceito que discutimos ao longo de todo este livro, e tinha curiosidade sobre a eficácia da oração. Ele analisou muitos casos de pessoas famosas que estavam doentes tentando descobrir quem rezava e quem não rezava. Sua conclusão? A oração não tem absolutamente nenhum efeito sobre o fato de a pessoa sobreviver ou não. Portanto, concluiu, as preces não serviam para nada. Um cientista até a medula dos ossos.

Mas a ciência também não confirmou a opinião de Galton. A pesquisa moderna descobriu algumas relações interessantes entre religião, prece e saúde que fariam Galton revirar-se no túmulo. Dale Mathews, médico pela Escola de Medicina da Universidade Georgetown, em Washington, documentou muitas dessas descobertas em seu livro *The faith factor* [O fator da fé]. Agora já são muitos os estudos rigorosos que parecem sugerir claramente que a fé é um fator importante na saúde e no processo de cura. Aqui vai uma amostra.

Um estudo de 1991 realizado na Universidade de Illinois do Norte, nos Estados Unidos, examinou a relação entre religiosidade e uma série de comportamentos e resultados ligados à saúde. Os objetos desse estudo eram mais de 1.000 alunos da Universidade de Illinois do Norte, a vasta maioria tinha de 17 a 22 anos e a porcentagem de mulheres era de 59%. Duas perguntas foram feitas para avaliar o que os autores da pesquisa definiam como religiosidade. A primeira era apenas: "Com que freqüência você participa de cultos religiosos – nunca, às vezes, muitas vezes, regularmente?" A segunda pergunta era: "Qual é seu grau de religiosidade?" Havia as opções "muito religioso", "pouco religioso" e "não sou religioso". Os participantes responderam a um questionário que avaliava seu estado de saúde com perguntas sobre exercícios físicos, alimentação, administração do estresse e apoio social. Outras informações foram colhidas sobre comportamentos de risco, tais como fumar, beber, consumir drogas e usar ou não o cinto de segurança.

Os dados coletados mostraram algumas correlações interessantes. A religiosidade, da forma como foi medida, estava vinculada a uma série de comportamentos ligados à saúde. Os graus elevados de religiosidade tinham relação negativa tanto com o tabagismo quanto com o álcool, isto é, os participantes que disseram ser religiosos tinham probabilidades menores que as de seus colegas menos religiosos de fumar ou beber muito. Os alunos que se declararam muito religiosos também mostraram tendência maior a usar cintos de segurança e menor de consumir drogas. Finalmente, graus elevados de religiosidade estavam associados a melhores condições de saúde, o que abrangia exercícios regulares e boa alimentação. Esse estudo mostra que, entre os indivíduos que se dizem religiosos, os comportamentos que promovem a saúde são mais prováveis, o que não é nenhuma novidade e indica, portanto, que essas pessoas devem ter um sistema imunológico melhor graças a mecanismos de ação indireta.

Um estudo semelhante foi publicado em 1995 por pesquisadores da Escola de Medicina de Virgínia Oriental, em Norfolk. Essa pesquisa também descobriu relações significativas entre religiosidade e estado geral de saúde numa grande amostragem de afro-americanos. Diante das informações obtidas no estudo anterior, essa conclusão não é surpreendente.

Uma área na qual se realizaram inúmeros estudos para identificar os efeitos da religião e da prece é a da cirurgia cardíaca. Uma pesquisa de 1998, feita por cientistas da Universidade de Michigan de Ann Arbor, examinou 196 pacientes submetidos a operações de ponte de safena no centro médico da universidade. Os pacientes devolveram os questionários distribuídos pelos pesquisadores no prazo de seis meses e de um ano após a cirurgia. Coletaram-se dados sobre práticas religiosas e também sobre depressão, ansiedade e estado de saúde. Os indivíduos que disseram rezar regularmente em casa ou na igreja tiveram menos problemas genéricos e menos depressão durante esse período pós-cirúrgico de um ano que os participantes que não rezavam.

Os autores concluíram que um possível mecanismo mediador da relação entre prece e melhores condições de saúde talvez seja o otimismo. Na verdade, um dos autores do estudo era Christopher Peterson, Ph.D. pela Universidade de Michigan de Ann Arbor e ex-aluno de Martin Seligman, Ph.D. pela Universidade da Pensilvânia, ele próprio um grande pesquisador da desesperança e do otimismo. Como dissemos em capítulos anteriores, a atitude otimista está associada a uma saúde melhor. As pessoas que têm muita fé religiosa são mais otimistas porque acreditam na eficácia da oração.

Outra razão possível da eficácia da oração é sua relação com um *locus* interno de controle, um velho construto psicológico que já foi estudado milhares de vezes nas últimas décadas. A questão em pauta é acreditar ou não que os acontecimentos (relacionados à saúde ou a outros aspectos) estão sob controle. Numa série de estudos, o *locus* interno de controle foi associado a um estado de saúde melhor do que o *locus* externo. Em resumo, as coisas dão mais certo quando você acha que pode interferir, e isso faz sentido no aspecto intuitivo.

Mas um estudo de 1991, realizado na Universidade de Alabama, não confirmou essas conclusões. Na véspera de uma cirurgia cardíaca, 100 pacientes responderam a um questionário que pretendia avaliar tanto o *locus* de controle quanto a "ajuda da oração" com uma escala criada pelos autores da pesquisa. Os resultados não indicaram relação direta entre o *locus* de controle e a crença na eficácia da oração. Havia muitos motivos para chegar a essa conclusão. Em primeiro lugar, 70% dos indivíduos consideravam a oração extremamente importante para enfrentar aquela situação e 96% disseram usar a oração como instrumento de superação das dificuldades. A grande importância atribuída à oração, embora impressione, provavelmente excluía uma relação com o *locus* de controle por falta de variabilidade estatística. Em outras palavras, tanto os indivíduos que tinham *locus* de controle interno quanto os que tinham *locus* de controle externo disseram que a oração os ajudava a enfrentar situações difíceis. Uma amostragem diferente, que apresentasse opiniões mais diversificadas sobre a oração, poderia ter indicado a existência de uma relação. Esses indivíduos achavam que a oração era uma forma eficaz de enfrentar uma crise relacionada à saúde.

Esses são apenas alguns dos estudos que examinaram a relação entre religiosidade e saúde. Agora devemos fazer algumas observações científicas. Seria fácil para uma pessoa religiosa ver os estudos que acabamos de descrever e concluir que são uma prova da existência de Deus e da eficácia da oração. As pessoas que têm muita fé tendem a se sair melhor na vida, não é verdade? Mas não haveria outras explicações para esse fato?

Uma pessoa que acredita na influência positiva da oração tem muito menos tendência à depressão, à desesperança e à impotência, fatores que prejudicam o sistema imunológico. E uma grande fé pode gerar sentimentos de otimismo e confiança, assim como ambos melhoram a atividade imunológica e aceleram a recuperação. Lembra-se de nossa conclusão de que uma postura pessimista está relacionada a taxas menores de IgA? (Veja capítulo 2.)

Portanto, embora não tiremos nenhuma conclusão sobre Deus nem fé, queremos dizer que a oração e a fé induzem a processos psicológicos conhecidos que ajudam a manter ou recuperar a saúde. Como somos cientistas, temos de interpretar os dados através de mecanismos conhecidos que podem melhorar o sistema imunológico. Mas, se alguém quiser entender as descobertas que acabamos de descrever como evidência da existência de um Ser Supremo, não temos nada contra isso.

Ligue-se...
...à luz dentro e fora de você

Há muita luz lá fora prontinha para abrir caminho até seu sistema imunológico, e é fácil lançar um pouco de luz em sua vida tanto no sentido literal quanto metaforicamente. É necessário apenas reservar alguns minutinhos e ter a cabeça aberta – e talvez um par de tênis confortáveis e um boné ou um chapéu.

Dê uma volta. O que pode ser mais estimulante do que sair para dar uma volta num belo dia ensolarado? Melhora o estado de espírito e o físico. Mesmo assim, é preciso ter certa cautela. O câncer de pele ainda é a forma mais comum da doença e também a mais fácil de evitar. Portanto, use o bom senso – limite seu tempo sob a luz direta, mas aproveite os benefícios dela!

Imagine que você é uma pessoa melhor. Visualize-se como um amante melhor, um orador melhor, um dançarino melhor, qualquer coisa. Existem milhares de informações de auto-ajuda que trazem uma mensagem clara: se você puder imaginar alguma coisa, pode também torná-la real. Esse conselho, talvez exageradamente simplista, deve da mesma forma ser empregado no caso da atividade imunológica. Sente-se numa cadeira confortável, num lugar tranqüilo, e visualize ativamente suas células T e B destruindo todas as coisas ruins que estiverem circulando em seu corpo. Talvez seja o relaxamento ou a visualização, talvez sejam ambos que desencadeiam, de fato, a produção de células imunológicas. Seja como for, mal não vai fazer.

Mantenha suas ligações. E a religião? Os dados mostram claramente que as pessoas que têm fé em Deus e participam regularmente de cultos religiosos são mais felizes e também se recuperam mais depressa das doenças. Portanto, nosso conselho também é bem claro: se você perdeu o contato com sua igreja, sinagoga, mesquita ou outro lugar de culto, seria uma boa idéia retomá-lo. Esse contato pode dar sentido à sua vida, fortalecer sua rede de apoio e ajudar você a conhecer outras pessoas – coisas boas, todas elas, para o sistema imunológico.

Capítulo 9

Prazer: a última fronteira

E AGORA – PARA ONDE VAMOS?

> *Há mais coisas no céu e na terra, Horácio,*
> *do que sonha sua vã filosofia.*
> William Shakespeare, *Hamlet*

Numa tarde de sábado, quando eu fazia uma pausa no trabalho, sentei-me em meu quintal e comecei a apreciar um livro de Norman Mailer. Esse autor, que conquistou o Prêmio Pulitzer duas vezes e é famoso no mundo inteiro, me fascina. Considero Mailer o rei da metáfora somática. Elas aparecem o tempo todo em seus textos. Seja como for, comecei a ler uma passagem de seu livro *Tough guys don't dance* [Os machões não dançam], publicado em 1984. A experiência foi incrível para mim, pois eu acabara de escrever sobre câncer, sistema imunológico e esquizofrenia. E o que acontece? Mailer escreve sobre o surgimento do câncer provocado por sintomas psicológicos.

Ele escreve sobre Dougy "Big Mac" Madden, um estivador enorme e já aposentado, que conta a seu filho, Tim, como ficou doente de câncer. "Ele começou 45 anos atrás", diz Big Mac, quando levou vários tiros e mesmo assim perseguiu o agressor por alguns quarteirões. Ao passar pelo Hospital St. Vincent, ele resolveu abandonar a perseguição e entrar para ser socorrido. Big Mac descreve esse ato incrivelmente sensato como "o primeiro disparo". Perdeu a confiança em si mesmo, diz ele ao filho. E isso "engatilhou a arma". Mas, quando Tim lhe pergunta qual foi o segundo acontecimento, Big Mac diz que o gatilho simplesmente "enferrujou". "Efeitos cumulativos. Quarenta e cinco anos vivendo sem respeito por mim mesmo." Tim responde "você é louco" e reconta a perseguição do pai ao assaltante, por seis quarteirões, com quatro ou seis balas no corpo. Mas então Big Mac diz: "Eu preferia ser louco. Eu não teria tido câncer. Estudei esse negócio, sei do que estou falando. Há estatísticas aos montes, é só procurar. Os esquizofrênicos têm 50% menos chances de sofrer de câncer do que a média da população. Entendo as coisas assim: ou o corpo ou a cabeça enlouquece".

É assim que Mailer descreve a maneira pela qual os acontecimentos e as percepções correspondentes podem levar à doença. Em primeiro lugar, a maioria das enfermidades tem múltiplas causas. No livro, portanto, os dois desencadeadores são um acontecimento externo e as conseqüências psíquicas desse acontecimento – Big Mac perdeu a autoconfiança. Foi por isso que não conseguiu pegar o agressor. No capítulo 2 mencionamos que essa é uma interpretação interna, estável e global do fracasso – o que, como sabemos, leva à impotência e, depois de muito tempo (45 anos), à desesperança.

Os dados de nosso estudo, bem como os de outros, mostram que esse estado pode produzir efeitos deletérios sobre o sistema imunológico. Num estudo com ratos, ficou demonstrado que, quando um macho assume uma postura de derrota (deitando-se de costas) ao deparar com um animal mais dominador, seu sistema imunológico sofre por muito tempo. Quando ele reage (mesmo que perca a luta) em vez de desistir, seu sistema imunológico sofre conseqüências muito menores. Essa pesquisa documenta os efeitos negativos

A escolha dos amigos: um perfil da personalidade

Quando se trata de promover o sistema imunológico, é importante estar perto de gente que faz você sentir coisas boas que o afetam de maneira positiva. Aqueles que possuem algumas ou todas as características que apresentamos a seguir são as melhores pessoas para fazer amizade ou passar o tempo.

◆ Fique perto de gente bem-humorada. As razões estão no âmago de seu sistema imunológico.

◆ Ande com pessoas otimistas. Elas vão ajudar você a atribuir os acontecimentos negativos ao acaso, a fatores externos, instáveis e específicos e farão o oposto com os acontecimentos positivos (eles se devem a fatores internos, estáveis e globais).

◆ Procure conviver com pessoas que saibam cultivar uma conversa interessante, mas também saibam ouvir. Elas lhe darão conselhos quando você revelar seus sentimentos, e alguns podem ser bons. Se não forem, ao menos você terá dado vazão ao que sentia, as pessoas vão falar enquanto você ouve, e isso vai afastar seu pensamento do foco negativo das coisas.

◆ Aproxime-se de pessoas dinâmicas. É possível que elas o contagiem com sua atividade. Isso é bom – mesmo que só sirva para acabar com a depressão.

◆ Fique perto de gente que não tenham muita sede de poder. Essas pessoas serão companhia mais agradável pelo simples fato de estar satisfeitas com você, de não tentar controlá-lo. Isso lhe fará bem, a menos que você seja completamente viciado em controle.

---

sobre o sistema imunológico humano, nossa primeira defesa contra o câncer. Parece que Mailer (e Big Mac) soube disso antes de todos os outros.

Refletindo sobre o que Big Mac diz a respeito da esquizofrenia, vemos que ele tem certa razão. A hipersecreção de citocinas (moléculas que estimulam o sistema imunológico), que costuma acompanhar a esquizofrenia (e que alguns pesquisadores dizem ser sua causa), leva à ativação do sistema imunológico. Embora os dados relativos à esquizofrenia e ao câncer não sejam lá muito claros, essa possibilidade faz sentido no aspecto intuitivo. Talvez um sistema imunológico hiperativo proteja o corpo em detrimento da cabeça. Por isso essa pesquisa não está longe de validar a diatribe de Big Mac. Voltando à metáfora de Mailer, os acontecimentos de nossa vida podem já ter enferrujado o gatilho, mas o prazer é o anticorrosivo.

A Importância da Moderação

É maravilhoso ter excesso de uma coisa boa. (Mae West)

Nada em excesso. (Aristóteles)

Que fascinante seria um debate entre Mae West e Aristóteles! Mas qual deles tinha razão? Será que o excesso de uma coisa boa é de fato maravilhoso? Lembramos o episódio clássico de *M*A*S*H* em que Frank Burns está fazendo um teste com Hawkeye e Trapper John para ver se eles são alcoólatras. Em resposta à pergunta "você bebe?", Hawkeye diz com expressão impassível: "Só em excesso". Engraçado, não é? Mas será o excesso uma coisa boa?

Aristóteles ganhou nosso voto. Embora não seja de todo surpreendente que tipos acadêmicos como nós prefiram Aristóteles a Mae West, os dados estão a favor do filósofo. Até o cérebro e a psique concordam, segundo estudos britânicos da Universidade de Dundee e da Universidade de Reading. No primeiro estudo, os indivíduos tiveram livre acesso a pão e manteiga ou chocolate (um peptídio opióide agonista, ou indutor de prazer) durante um período de 22 dias. Os pesquisadores fizeram mensurações de quatro em quatro dias, durante todo o processo de alimentação, para avaliar tanto o prazer envolvido no sabor quanto o desejo de consumir a substância. Os resultados indicaram que não houve alteração dessas dimensões (prazer e desejo) no tocante ao pão e à manteiga, alimentos que não induzem à produção de endorfinas. Em contrapartida, tanto o prazer quanto o desejo de consumir chocolate caíram verticalmente com o passar do tempo. O que isso significa? Apenas excesso de uma coisa boa e mal-estar físico por causa disso. Já sabíamos dessas coisas. Imagine seu prato favorito (que pode ser chocolate). Agora imagine comer apenas esse prato e mais nada durante semanas a fio. Temos certeza de que, depois de algum tempo, pôr esse alimento na boca será a última coisa que você vai querer fazer.

No estudo da Universidade de Reading, feito com ratos, os pesquisadores usaram técnicas da biologia molecular para verificar o que exatamente acontece nas várias áreas do cérebro em decorrência do consumo de substâncias doces. Os resultados confirmaram nossa posição: a exposição repetida àquelas delícias para ratos aumentou a produção de peptídios opióides, mas o excesso dessa coisa boa fechou os receptores cerebrais desses peptídios que induzem à sensação de prazer.

Exercícios Físicos

Hoje em dia somos bombardeados constantemente com conselhos para sair de casa e fazer exercício. Corra, pratique esporte, caminhe – faça *alguma coisa*, esse é o teor dos conselhos. Muitos aceitam esse conselho. Vão para a academia na hora do almoço ou depois do trabalho, vestem uma camiseta velha e tentam suar durante algum tempo. As pessoas que fazem exercícios regularmente dizem perder peso, sentir-se melhor em relação a si mesmas e até sentir falta quando não podem praticá-los por um dia ou dois. A literatura que fala de exercícios e função imunológica é extraordinariamente complexa, mas em geral parece encaixar-se perfeitamente em nosso tema geral: a moderação pode ser a chave do sucesso.

Existe um campo científico chamado imunologia do exercício que investiga o efeito da atividade física sobre os parâmetros imunológicos. Há muitas descobertas que parecem bem coerentes nessa literatura complexa. Há evidências, por exemplo, de que o exercício pesado ou exaustivo pode ser imunossupressor e estar relacionado ao aumento de infecções no trato respiratório superior. Os dados relativos a sessões mais moderadas, relevantes para a maioria, são menos claros. Alguns relatórios de pesquisa dizem que o exercício moderado estimula o sistema imunológico, mas os resultados não são inteiramente coerentes. Outros estudos não mostraram relação alguma entre exercício e imunidade.

Uma série de estudos sobre os efeitos imunológicos do exercício moderado mostrou os mesmos resultados conflitantes de que acabamos de falar. Um estudo de 1998, realizado pela Universidade do Colorado, investigou os efeitos de uma sessão de exercícios moderados em jovens (média de 26 anos de idade) e idosos (média de 69 anos). Os indivíduos foram avaliados em estado de repouso e imediatamente após uma sessão de vinte minutos em esteira de intensidade relativamente alta. Os pesquisadores descobriram que a proliferação de linfócitos em resposta a um mitógeno aumentou 55% depois do exercício nos jovens (como você deve lembrar-se, os linfócitos são células que desempenham papel considerável na identificação e destruição de invasores). Além disso, o exercício aumentou o número de linfócitos T, ou células T, nos jovens. Nos participantes idosos, a contagem inicial de células T era menor que a dos jovens. A proliferação de linfócitos subiu 18% nos idosos depois do exercício, embora esse aumento não tenha chegado a ser estatisticamente significativo. O aumento das células T foi mais ou menos o mesmo nos idosos e nos jovens. Os autores do estudo concluíram que, embora as medidas iniciais fossem menores nos idosos, elas provavam os efeitos positivos de uma sessão de exercício moderado.

Outro estudo a respeito do impacto do exercício sobre a imunidade dos idosos foi realizado na Universidade de Illinois, em Chicago, e publicado em 1999. Esse estudo diferiu do anterior por examinar os efeitos de seis meses de exercícios em contraposição à sessão de vinte minutos. Pediu-se a 29 idosos (com idade média de 65 anos) que fizessem ginástica moderada três vezes por semana, com ênfase na flexibilidade e na tonificação, ou que participassem de um grupo de controle. Os resultados indicaram ganhos moderados em termos da função imunológica. Havia, por exemplo, uma tendência de aumento do número das células T, mas isso apareceu em ambos os grupos. A resposta de proliferação de células T a um mitógeno foi maior no grupo que fez ginástica. Finalmente, a atividade das células matadoras naturais foi maior no grupo que fez ginástica do que no grupo de controle. As mudanças observadas nos parâmetros imunológicos foram menores que no estudo anterior, mas mesmo assim registrou-se alguma melhora da função imunológica. As diferenças entre os dois estudos ilustram um problema geral da avaliação do efeito dos exercícios sobre a imunidade. O tipo, a intensidade e a duração dos exercícios parecem ser fatores relevantes. Além disso, o número incrível de possíveis parâmetros a serem avaliados complica ainda mais a questão. Em resumo, ainda se passarão muitos anos antes de obtermos respostas definitivas sobre o efeito exato de uma sessão de exercício moderado.

Como já dissemos, um número significativo de pesquisas concentrou-se na prática de exercícios intensos ou exaustivos. Os dados sugerem que exercícios muito intensos parecem ser imunossupressores. A imunoglobulina (IgA) da saliva e a IgM, por exemplo, declinam imediatamente após uma sessão de exercício intenso, mas em geral se normalizam depois de 24 horas. O treinamento constante, em sessões intensas, deve causar a supressão crônica da imunidade das mucosas e, por isso, leva a um risco maior de infecções do trato respiratório superior. Uma série de estudos feitos na Austrália investigou o efeito do exercício intenso em nadadores de elite durante o treinamento. Essa pesquisa encontrou contagens menores de IgG no sangue dos atletas em comparação ao grupo de controle. Além disso, nos nadadores que apresentaram contagem menor de IgA antes do treinamento, houve uma tendência maior de contrair infecções do trato respiratório superior durante o período de sete meses da pesquisa. Em estudo paralelo, os nadadores que adoeceram apresentaram queda maior da IgM salivar depois de uma única sessão de treino do que os nadadores que não adoeceram. Finalmente, embora os atletas aparentassem estar em condição imunossupressora, conseguiram responder a uma vacina oral, e isso indica que a imunossupressão não era de natureza global.

O que significa tudo isso? Não muito para a maioria, cujos programas de exercícios estão longe de ser exaustivos como os praticados pelos atletas de elite. Para estes últimos, parece que uma sessão de exercício intenso é imunossupressora e pode acarretar mais doenças, ao menos para alguns deles. Embora sejam claros os dados que sugerem que o exercício intenso é um agente estressante e pode afetar de forma deletéria o sistema imunológico inato, o sistema imunológico adquirido parece não ser muito influenciado. Além disso, os relatórios sobre o aumento da incidência de doenças entre atletas de elite não são uniformes. Portanto, os dados genéricos sobre exercícios não resolvem nosso problema. Seja como for, não devemos evitar os exercícios por medo de infecções. Os dados dizem também que as vantagens proporcionadas pela atividade física compensam – e muito – as desvantagens.

O Condicionamento do Sistema Imunológico

Agora vamos brincar um pouco de fazer associações livres. Não pule nenhuma linha. Tudo quanto você tem a fazer é dizer em voz alta a primeira coisa que lhe vier à cabeça depois de ler esta palavra: sal.

Apostamos que você disse "pimenta". A maioria esmagadora das pessoas vai dizer a mesma coisa por três motivos (em geral conhecidos como as três leis da associação de Aristóteles): similaridade, contigüidade (coisas que acontecem ao mesmo tempo) e contraste. Na verdade, sal e pimenta estão relacionados a todas as três leis. Mas o que mais nos interessa – e ao campo da psiconeuroimunologia – é a lei da contigüidade porque ela diz que, para duas coisas serem associadas, é necessário apenas que se apresentem ao mesmo tempo. Não é preciso haver nenhuma outra conexão lógica entre elas.

Esse conceito forma a base do condicionamento pavloviano, que vamos descrever em seguida. O mais importante é que ele constitui a base de possibilidades empolgantes quando se trata do sistema imunológico. Esse conceito mostra que, fazendo a ligação entre imunidade e prazer, estamos fazendo mais do que viver prazerosamente ou cruzar os dedos e esperar ter saúde. Na verdade, podemos condicionar, ou exercitar, nosso sistema imunológico para torná-lo mais forte, mais eficiente e mais receptivo.

Salvo pelo gongo, ou melhor, pela campainha

O condicionamento clássico, ou pavloviano, é um tipo simples de aprendizagem descoberto pelo fisiologista russo Ivan Pavlov. Ele ganhou o Prêmio Nobel e se interessava pela fisiologia da digestão. Seus primeiros trabalhos foram estudos das secreções do estômago dos cachorros em resposta à comida. Pavlov implantou cirurgicamente um tubo que coletava as secreções estomacais dos cães quando comiam alguma coisa. Depois analisava quimicamente essas secreções. De posse das informações que considerava necessárias, ele passou do estômago para a boca, onde a digestão começa realmente. Todos salivamos em resposta à comida, esse é um reflexo inato. Se você puser um pouco de comida na boca e a mantiver ali por algum tempo, ela vai começar a amolecer e a se dissolver por causa da presença de enzimas digestivas na saliva. Eram essas enzimas que o cientista queria estudar.

Prepare-se para uma consulta à clínica de oncologia

Embora as clínicas oncológicas não despertem a vontade de comemorar, por que não fazer todo o possível para tornar uma situação difícil mais suportável? Mesmo que a circunstância não provoque grandes sensações de prazer, talvez possamos ao menos diminuir o estresse durante uma consulta de várias horas com as seguintes recomendações:

1. As cores predominantes na clínica devem ser de tom pastel (veja o quadro "Os baratos das crianças", neste capítulo).
2. A radioterapia deve ser de baixa intensidade, com espectro amplo (veja capítulo 8).
3. Equipamentos de bipe de sons altos e congêneres devem ser usados numa enfermaria à parte (veja capítulo 4).
4. Ouça suas músicas preferidas num gravador durante pelo menos trinta minutos (veja capítulo 4).
5. Se houver televisores na clínica, eles devem apresentar apenas comédias e amenidades (veja capítulo 7).
6. Gaste cerca de vinte minutos no consumo de um prato predileto com direito a sobremesa de chocolate (lembre-se de cheirar o chocolate – veja capítulo 9).

Pavlov era muito rigoroso em seus estudos. Mais especificamente, alimentava os animais todos os dias na mesma hora e lhes dava o mesmo tipo de comida. O que aconteceu depois de alguns dias surpreendeu-o e frustrou-o. A mera visão dos funcionários do laboratório – e até mesmo o ruído de seus passos no corredor – provocava a salivação dos animais. Isso foi muito desagradável para Pavlov porque, em síntese, arruinou seu experimento. Ele estava tentando

7. De dez em dez minutos, você deve fazer cinco respirações bem profundas (veja capítulo 3).
8. Leve caneta e papel com as horas do dia impressas para fazer, ao menos durante quinze minutos, o planejamento de um sábado inteiro de eventos prazerosos, entre os quais refeições e atividades detalhadas (veja o quadro "A fórmula do prazer de 13 pontos", neste capítulo).
9. Ao longo da consulta, você deve passar vários períodos em conversas e carinhos com uma pessoa querida (veja capítulo 5).
10. E, só pelo barato da coisa, passe ao menos dez minutos imaginando que a infusão quimioterápica afoga as células cancerosas em sua corrente sanguínea (veja capítulo 8).
11. Um cochilo de vinte minutos não fará mal a ninguém (veja capítulo 1).

Embora essas recomendações certamente não curem o câncer, a pesquisa diz que podem ajudar muito. No pior dos casos, essa consulta de várias horas se tornará bem mais tolerável dadas as circunstâncias. Embora você não possa pintar as paredes da clínica a seu gosto, pode gravar uma fita e levar um gravador portátil com fones de ouvido. Portanto, exerça o máximo controle possível sobre a situação. Só isso já vai render dividendos psicológicos e imunológicos.

estudar a salivação em resposta ao consumo de comida, e os cachorros salivavam antes que a comida chegasse.

Ao longo de toda a história da ciência, muitas descobertas importantes foram feitas graças a experimentos que deram resultados diferentes dos esperados. As coisas nem sempre acontecem como os cientistas esperam, mas as pessoas muito talentosas reconhecem a oportunidade quando ocorre o inesperado. Foi o caso de Pavlov. Ele percebeu a importância do fato de que os animais salivassem diante de alguma representação mental da comida e teve a coragem de mudar todo o laboratório para estudar o que chamou de secreções psíquicas.

Pavlov achou que os processos que ocorriam antes da apresentação da comida indicavam aos animais que a refeição estava prestes a chegar, e isso provocava a salivação. Depois de fazer esse raciocínio, realizou seu famoso experimento, e assim nasceu o condicionamento clássico, ou pavloviano. Ele fazia soar uma campainha, que servia de deixa, imediatamente antes que a comida fosse apresentada aos animais. Depois de algumas vezes em que o som da campainha se fez acompanhar da refeição – *voilà!* O mero som da campainha era suficiente para provocar salivação nos animais.

Pavlov cunhou uma série de termos em razão de seus experimentos. A comida, na condição de estímulo que provocava naturalmente uma resposta, era o estímulo incondicionado (EI). A salivação, ou seja, a resposta reflexa que o EI provoca, era a resposta incondicionada (RI). A campainha, estímulo inicialmente neutro que se tornou significativo ao ser associado ao EI, era o estímulo condicionado (EC). Finalmente, a reação ao EC era a resposta condicionada, ou RC.

Outro "acidente" feliz

Como no caso de Pavlov, um episódio mais recente de contigüidade ocorreu no laboratório de Robert Ader, Ph.D., psicólogo da Universidade de Rochester, em Nova York. O estudo resultante, publicado em 1975 por Ader e seu colaborador, o imunologista Nathan Cohen, Ph.D., descrevia o condicionamento do sistema imunológico. Na verdade, esse trabalho gerou muitos aspectos da psiconeuroimunologia (PNI) e levou a um número significativo de pesquisas.

O doutor Ader tentava estudar, na verdade, o aprendizado de aversão a um sabor, variante especial do condicionamento clássico, com o qual você já tem certa familiaridade. A aversão a um sabor aparece quando se sente determinado gosto e depois se fica doente. Não vem ao caso se o alimento consumido foi ou não de fato aquele que provocou o mal-estar: mesmo que não seja assim, o indivíduo adquire aversão àquele sabor. A maioria das pessoas tem ao menos um tipo de alimento pelo qual sente aversão, e o fenômeno possui relevância biológica inquestionável. Os animais selvagens que comem alguma coisa e ficam doentes tendem intuitivamente a parar de consumir o alimento que lhes fez mal.

Ader era um psicólogo interessado na aprendizagem e queria estudar a aversão a um sabor por vários motivos esotéricos que não vêm ao caso agora. Ele estava estudando ratos e apresentou-lhes um novo sabor, a sacarina, usando-o como EC (estímulo condicionado). Os roedores adoram doces, como os seres humanos, e nós comemos ou bebemos substâncias doces sem hesitar. Como EI (estímulo incondicionado), que deveria produzir náusea, foi usada a droga ciclofosfamida. Ader e Cohen tentavam extinguir a aversão à sacarina apresentando-a em estado puro (é assim que se elimina ou extingue classicamente uma resposta condicionada: apresentando várias vezes o EC puro). Muitos ratos, depois que a sacarina lhes foi apresentada várias vezes em estado puro, ficaram doentes. Alguns chegaram a morrer.

Os pesquisadores acharam o resultado um tanto estranho até reconhecer que a ciclofosfamida, a droga que tinham usado para a indução de náuseas, também é um agente imunossupressor. Como a sacarina fora apresentada junto com a droga, eles acharam que talvez estivessem observando uma imunossupressão condicionada. Se um sabor completamente inocente podia provocar doenças pelo simples fato de ser apresentado junto com uma droga imunossupressora, por que o próprio sabor também não teria efeitos imunossupressores? E foi assim que os pesquisadores criaram o experimento seminal que realmente fez a psiconeuroimunologia surgir como disciplina.

O experimento constou do seguinte: alguns ratos foram expostos de novo a um sabor diferente, a sacarina, como haviam sido expostos à ciclofosfamida. Esses ratos também tomaram injeções com hemácias de carneiro, o que deveria dar início à formação de anticorpos. O sabor serviu como EC, enquanto a droga era o EI, o estímulo que provoca efeito automático. Descobriu-se então algo realmente espantoso, principalmente para a época. Os ratos expostos ao mesmo tempo ao sabor e à droga e depois expostos novamente ao EC (sabor) mostraram contagem menor de anticorpos em comparação com as hemácias dos ratos que não foram expostos novamente ao EC da sacarina ou que foram expostos à sacarina, mas esta nunca lhes foi apresentada ao mesmo tempo que a ciclofosfamida. Ader e Cohen fizeram comparações com todos os grupos de controle apropriados, e o resultado era claro: a sacarina em si não causa imunossupressão, mas poderá causá-la se for apresentada com uma droga imunossupressora. O sistema imunológico pode ser condicionado.

Como já dissemos, essa descoberta incrível foi o verdadeiro início da PNI. Antes desse estudo, já conhecíamos muitas coisas capazes de suprimir a função imunológica como parte inerente de sua atividade. Mas, graças a essa pesquisa, agora sabemos que eventos neutros poderão tornar-se imunossupressores se por acaso ocorrerem ao mesmo tempo que agentes ou acontecimentos imunossupressores. O fato de que a função do sistema imunológico pode ser condicionada foi uma descoberta pioneira. Esse fenômeno básico foi reproduzido várias vezes em grande número de espécies. Outros agentes imunossupressores, como a morfina, podem servir como EI e participar do condicionamento. A imunossupressão condicionada foi comprovada em ratos, camundongos e seres humanos. Além disso, ficou provado que o linfócito T (célula T), assim como o linfócito B (célula B), que são anticorpos, responde ao condicionamento. Até mesmo reações não especificamente imunológicas, como complemento e lisozimas, são passíveis de condicionamento. Trata-se de um fenômeno muito comum.

Ader e Cohen realizaram alguns experimentos de acompanhamento muito impressionantes para explorar certas implicações de suas descobertas. Fizeram uma única pergunta: quando seria bom reprimir o sistema imunológico? Conseguiram uma resposta, descrita num dos estudos de acompanhamento publicados em 1982. Esse experimento usou uma linhagem de ratos geneticamente suscetível ao lúpus eritematoso, doença auto-imune. Os seres humanos que têm doenças auto-imunes como o lúpus costumam tomar drogas imunossupressoras como parte do tratamento. Como é o próprio sistema imunológico que os ataca, essas drogas são usadas para reduzir os sintomas. Mas as drogas imunossupressoras são terríveis e causam muitos efeitos colaterais. Portanto, se fosse possível reduzir de algum modo a atividade do sistema imunológico sem produzir tantos efeitos colaterais deletérios, o tratamento seria bem mais eficiente. Mas como chegar lá?

Nesse estudo, a ciclofosfamida foi novamente apresentada com a sacarina. A droga imunossupressora deve ser administrada semanalmente para retardar o aparecimento dos sintomas. Se for dada em semanas alternadas, não se obterá nenhum resultado positivo. Mas, nesse estudo, depois que o sabor da sacarina foi associado à droga, a sacarina administrada em estado puro, de quinze em quinze dias, revelou-se suficiente para reduzir os sintomas. Houve também redução da mortalidade. Outro efeito muito desejável: a redução dos sintomas da doença com metade da droga causadora dos efeitos colaterais deletérios. Os animais que ingeriram a sacarina sem a ciclofosfamida não mostraram os mesmos resultados nem os animais que receberam tanto uma quanto outra, mas não ao mesmo tempo.

Isso daria certo nos seres humanos? O doutor Ader respondeu a essa pergunta crucial num estudo de 1992. A metodologia era basicamente igual à que acabamos de descrever, exceto por um detalhe: em lugar de ratos, o objeto da pesquisa era uma menina de 11 anos que apresentava um caso grave de lúpus. O tratamento normal do lúpus seriam doze (uma por mês) doses de ciclofosfamida, o agente imunossupressor do qual já falamos. Como também já mencionamos, essa é uma droga terrível que produz muitos efeitos colaterais indesejáveis. A menina foi exposta seis vezes ao sabor de óleo de fígado de bacalhau e ao perfume de rosas (ambos eram o EC) e também à ciclofosfamida (EI). Essa combinação foi administrada em meses alternados. A combinação de ECs era dada no mês em que a paciente não recebia a ciclofosfamida. A menina mostrou redução significativa dos sintomas durante o ano em que foi tratada e também menos efeitos colaterais. Lembre-se, ela só recebeu metade da dose costumeira da droga. Além disso, foi examinada cinco anos depois e ainda estava passando bem. É óbvio que um único estudo de caso não constitui um experimento, mas mesmo assim os resultados são impressionantes. Sugerem que o condicionamento pode ser usado como tratamento auxiliar eficaz em indivíduos que sofrem de doenças auto-imunes.

Se a imunossupressão condicionada tem utilidade para os portadores de doenças auto-imunes, poderia esse condicionamento ser usado para estimular a atividade imunológica? Não há muitos estudos nessa área, mas os que já existem mostraram resultados fascinantes. Os pacientes de Aids, por exemplo, têm um sistema imunológico danificado que os torna vulneráveis a grande número de infecções oportunistas. Já ouvimos falar de vários casos de melhora condicionada desses pacientes, mas outras pesquisas não conseguiram reproduzir esse resultado. A comunidade científica ainda não sabe se é tão fácil estimular o sistema imunológico quanto é fácil reprimi-lo.

Embora a maioria dos dados relativos ao condicionamento clássico e à imunidade se concentre na supressão da atividade imunológica, existem vários estudos que demonstram que o aumento da atividade imunológica condicionada também é possível. Um grupo de pesquisadores alemães, por exemplo, publicou uma série de estudos com seres humanos. Todos sabem que uma injeção de epinefrina (adrenalina) em seres humanos leva ao aumento tanto do número de células matadoras naturais quanto de sua atividade. Em um dos estudos, um sabor doce foi apresentado como EC a algumas pessoas, que imediatamente depois receberam uma injeção de epinefrina (EI). Isso foi feito durante quatro dias seguidos.

A fórmula do prazer de 13 pontos

Reserve uma noite para experimentar essa fórmula fácil de introdução do prazer em sua vida e veja que estímulos maravilhosos você pode dar a seu sistema imunológico.

1. Sinta o perfume e coma um pedaço de chocolate (veja a seção "Prazer e culpa").
2. Faça carinhos ou brinque com seu animal de estimação (veja capítulo 6).
3. Pegue o telefone e faça reservas em seu restaurante favorito para jantar amanhã à noite com seus dois melhores amigos. Você ganha pontos extras se seus amigos forem pessoas de bom astral.
4. Vista sua roupa predileta, olhe-se no espelho e sorria. Diga a si mesmo que você está maravilhoso e lembre-se dessa frase durante o resto da noite (veja capítulo 2).
5. Ligue o aparelho de som e toque seu CD predileto (veja capítulo 4).
6. Sirva uma taça do melhor vinho para você e seu par amoroso, cônjuge ou amigo íntimo. Depois relaxe e converse (veja capítulo 2).
7. Dê a si mesmo e a seu par o prazer de massagens mútuas (veja capítulo 6).
8. Assista a um filme engraçado ou ligue a TV para ver seu programa favorito. Não hesite em rir alto (veja capítulo 7).
9. Abrace, beije e faça sexo com seu par amoroso (veja capítulo 5).
10. Antes de fazer sexo, diminua a luz do quarto (veja capítulo 8).
11. Lembre-se, ao longo de toda a noite, de respirar lenta e profundamente e de reservar um tempinho para curtir a sensação de relaxamento (veja capítulo 3).
12. Mentalize nitidamente e reviva na mente um acontecimento maravilhoso de sua vida (veja capítulo 8).
13. Agora, se você cultiva esse hábito, faça suas orações (veja capítulo 8). Se ainda estiver sem sono, planeje um dia inteiro de atividades prazerosas no próximo fim de semana (veja capítulo 2). E depois tenha uma boa noite de sono (veja capítulo 1).

Os baratos das crianças:
Uma fórmula de prazer infantil

Nada melhor do que começar cedo. Por isso criamos uma versão reduzida de nossa conexão imunidade-prazer para o bebê. Abaixo estão dez belas dicas para que o sistema imunológico de seu filho tenha uma vantagem logo de saída.

Amamente seu filho. A amamentação é uma maravilha em termos nutricionais e uma forma incrível de promover a ligação entre mãe e filho. Além disso, o bebê recebe o estímulo positivo do toque da mãe, o que é extremamente bom para o sistema imunológico. E, como prêmio extra, o colostro (o leite das primeiras semanas) está repleto de imunoglobulina A (IgA).

Ponha música para tocar. Faça isso antes e depois do parto e durante toda a infância de seu filho. Alguns estudos mostraram que os bebês reagem à música dentro do útero. A música afeta seus batimentos cardíacos e a saturação de oxigênio.

Provoque o riso de seu bebê fazendo-lhe cócegas de leve.

Estimule o senso visual do bebê com o uso das cores. Os tons pastel são calmantes e geram uma sensação de paz, o que é muito bom para o sistema imunológico. Mas as cores primárias estimulam o prazer, o que também é muito bom para o sistema imunológico. A solução é ter longos períodos de paz e relaxamento intercalados freqüentemente por momentos de prazer. Assim sendo, pinte o quarto das crianças de tons pastel e divirta o bebê com brinquedos vermelhos, como bolas.

No quinto dia, as pessoas foram expostas somente ao EC. Houve aumento significativo da atividade das células matadoras (depois de expostas ao sabor doce!), e esse aumento foi tão grande quanto o de outro grupo que tomara realmente uma injeção de epinefrina naquele dia. Os pesquisadores utilizaram todos os grupos de controle necessários, e o efeito parece dever-se claramente ao condi-

Faça o bebê sentir sua presença. Os bebês adoram sentir o toque da mãe e ficam fascinados diante de seu rosto, principalmente dos olhos. Alguns estudos mostraram que, por volta de 2 meses de idade, esse tipo de contato libera peptídios opióides no corpo do bebê (aliás, ver e tocar o pai tem efeitos semelhantes).

Ensine seu filho a curtir o cachorro. As atividades que envolvem o cachorro da família produzem reações recíprocas que, por sua vez, levam a criança a perceber que suas respostas (positivas) serão seguidas de reações (positivas) do meio ambiente.

Brinque de esconde-esconde. Essa brincadeira quase sempre faz as crianças rirem. Depois de se esconder pela quinta vez, espere o bebê pronunciar algum som e então apareça e diga: "Achou!" Repita isso várias vezes. Seu filho vai pensar que ele é que faz você aparecer (o controle, desde tenra idade, ajuda as crianças a sentir prazer).

Seja previsível. Se uma babá chegar para ficar com seu filho, acene-lhe um adeus para ele saber que você vai sair de casa. Ele não gosta de ficar longe de você, mas suas células T vão lhe agradecer.

Crianças adoram elogios. Um sorriso e um comentário positivo proporcionam um prazer enorme.

Coma chocolate. Alguns estudos mostraram que o consumo moderado de chocolate tem efeitos positivos sobre o sistema imunológico. Portanto, aninhe-se no sofá com seu filho e comam ambos um pouco de chocolate.

cionamento. Essa foi uma prova inquestionável de que o sistema imunológico também pode ser condicionado para funcionar melhor, e não apenas para ser inibido.

Uma pergunta que até hoje ainda não foi respondida sobre essas descobertas: é o próprio sistema imunológico que fica condicionado ou são os outros sistemas fisiológicos (o da epinefrina ou do cortisol, por exemplo) que se condicionam e afetam a imunidade? Em outras palavras: será que é apenas o cortisol ou outro hormônio qualquer que se torna a RC, e o efeito sobre a imunidade é indireto, ou as próprias células e órgãos do sistema imunológico é que são diretamente condicionados? Essa questão importante ainda está por ser respondida.

Prazer e Culpa

Se o prazer é a salvação do sistema imunológico, então a culpa é seu contraponto, sua negação. Uma série de estudos mostrou uma relação íntima entre prazer e culpa. A culpa é aquele conjunto de estados emocionais pelos quais passamos depois de cometer um ato que consideramos uma espécie de transgressão e em geral envolve algum tipo de dano causado a outrem (mas também pode ser contra um animal, uma parte do meio ambiente ou nós mesmos). A culpa serve para punir comportamentos que consideramos inaceitáveis impondo a tortura mental como sentença. É uma geradora de estresse e está relacionada ao início da depressão.

Considere a seguinte situação: certa noite, Margie chega a seu restaurante favorito no centro da cidade e, depois de um longo e tenebroso conflito íntimo, resolve ceder à sua fissura por chocolate. Margie tem 1,70 metro de altura e pesa 57 quilos, goza de saúde perfeita e raramente se permite esses prazeres gastronômicos. Eis aqui uma bela e rara oportunidade de estimular um pouco a produção de peptídios opióides de Margie, certo? Errado.

O que ela fez desencadeia um ciclo vicioso de tortura mental em relação à saúde, à aparência e ao bem-estar geral. Margie fica tão esmagada pela culpa que mal consegue suportá-la. Por isso, em vez do estímulo ao sistema imunológico proporcionado pela sobremesa, os efeitos estressantes induzidos pelo cortisol e pela supressão do sistema imunológico que se seguem têm consequências tão deletérias sobre a imunidade de Margie que "chocolate" se transforma em seu epitáfio em vez de ser simplesmente o nome de seu doce predileto.

É realmente uma tragédia. Margie tem um modo de vida saudável e tudo quanto precisa fazer para mantê-lo é ter alguns prazeres comuns de vez em quando, mas sua psique simplesmente não lhe permite isso. Ela transforma atividades benéficas e prazerosas em catástrofes para o sistema imunológico. Que tal tirar alguns dias de folga do trabalho para relaxar e curtir a vida? Nem pensar – ela enlouqueceria. Mas Margie não é um caso raro. Um estudo internacional mostra que as pessoas são as mesmas na Austrália, na Alemanha, na Itália, na Espanha, na Suíça, no Reino Unido e em outros países ocidentais.

Em outro estudo internacional, 4 mil adultos foram interrogados sobre atividades prazerosas e culpa na vida cotidiana. Os participantes vinham da Austrália, Bélgica, Alemanha, Itália, Holanda, Espanha, Suíça e do Reino Unido. Todos eles deram notas a treze atividades supostamente prazerosas usando uma escala de 0 a 10 na qual 0 indicava absolutamente nenhum prazer e 10 correspondia a algo extremamente prazeroso. Essas notas foram analisadas paralelamente ao fato de às vezes – ou com mais freqüência – os participantes sentirem culpa por apreciar determinado objeto ou atividade. Uma descoberta importantíssima do ponto de vista do sistema imunológico, embora não surpreendente, foi de que, à medida que a culpa aumentava, o prazer diminuía. Essa relação oposta entre culpa e prazer mostrou que sexo e música fazem parte do grupo de atividades que menos despertam culpa. Na metade da curva situavam-se os esportes, a ginástica, a freqüência a restaurantes, o consumo de laticínios, chá e café, o hábito de ver TV e os presentes que as pessoas davam a si mesmas. No topo da escala de indução de culpa estavam o tabagismo e o consumo de chocolate e de outros tipos de doce, como bolos e sorvetes.

Foi interessante observar que os holandeses, em comparação com todos os outros grupos, evitaram a armadilha da culpa. Tenderam a relaxar e curtir seus prazeres cotidianos. Os alemães estavam muito tensos e os ingleses ocuparam o segundo lugar em termos de hedonismo, mas depois também pagaram pelo prazer com mais culpa do que a média das pessoas. Os italianos foram os que mostraram menos culpa, e um terço de todos os participantes disse que a culpa simplesmente faz parte de sua vida.

Os franceses e norte-americanos não foram incluídos nos estudos internacionais, mas participaram de uma pesquisa feita por Paul Rozin, Ph.D., psicólogo da Universidade da Pensilvânia, em Filadélfia. De início, vamos considerar o paradoxo francês. Sabemos que o regime alimentar dos franceses é um dos piores do mundo. Tudo o que é considerado bom na França está repleto de gordura. No entanto, mesmo com esse elevado consumo de gorduras, eles apresentam incidência menor de doenças cardíacas, o que tem sido atribuído aos flavonóides do vinho. Embora isso seja verdade, vamos ver de novo como os franceses comem em comparação, por exemplo, com os norte-americanos. Mais de 30% dos norte-americanos têm excesso de peso suficiente para serem considerados obesos, enquanto menos de 8% dos franceses, que consomem tanta gordura, estão na mesma categoria. Isso indica que não somos necessariamente o que comemos.

A explicação desse paradoxo francês baseada no consumo de vinho tinto e na prática de exercícios deu lugar a outra, melhor, que se encaixa perfeitamente no que dissemos ao longo de todo este livro. Quando o doutor Rozin comparou as atitudes de ambas as culturas, descobriu que os franceses saboreiam a comida – comer é uma experiência única que não deve misturar-se a nada que não seja puro prazer –, enquanto, para os norte-americanos, "cada mordida é tanto um prazer para a boca quanto uma preocupação com o que vai acontecer na hora de dormir". Ele diz que "engordamos com nossa preocupação de engordar. Os franceses não se preocupam tanto com essa possibilidade, e não estão engordando".

A questão é: como livrar os norte-americanos de sua culpa, de sua preocupação e de sua ansiedade em relação à comida? A letra de uma antiga canção popular francesa se aplica ao caso: "Não se arrepender de nada – em matéria de amor e comida". Portanto, não deixe a culpa ser um entrave ao seu prazer. Se não faz mal a ninguém e é bom, mergulhe de cabeça e curta cada segundo – seu sistema imunológico vai adorar.

Não deixe de levar esse conselho a sério. Num estudo de 1999 conduzido por profissionais do departamento de psicologia da Escola de Enfermagem e do Laboratório de Pesquisas Médicas da Universidade de Hull, na Inglaterra, pediu-se aos participantes para fazer uma lista de atividades que apreciavam muito e atribuir-lhes notas em termos de prazer e culpa. Os pesquisadores coletaram amostras de saliva e as examinaram para saber quais eram as concentrações de imunoglobulina A (IgA). Os resultados mostraram correlação positiva e significativa entre o número de prazeres e a contagem de IgA, principalmente nas mulheres, e forte correlação negativa entre culpa e IgA. Os dados também revelaram uma importante correlação positiva entre a contagem de IgA e a proporção prazer-culpa. Isso indica que, na verdade, a culpa reduz as propriedades imunoestimulantes do prazer quando a medida de seus "efeitos colaterais" ultrapassa o valor global do prazer na vida de uma pessoa.

Considerações Finais

Algumas pessoas cometem o erro comum de exagerar na hora de interpretar a conexão imunidade-prazer. Você acredita que afirmamos que, se ouvir música, tiver um animal de estimação ou alugar um vídeo engraçado, nunca vai adoecer? Claro que não. Uma pessoa pode fazer tudo o que sugerimos ao longo deste livro e mesmo assim pegar um resfriado ou desenvolver um câncer. Não queremos dizer que os comportamentos voltados para o prazer são as únicas influências a que o sistema imunológico está exposto. Estamos dizendo que as atividades prazerosas podem influenciar positivamente o sistema imunológico.

Vemos a saúde e a doença como os produtos finais de uma equação extremamente complexa, que tem muitas variáveis ainda desconhecidas. Seus genes, aquele maravilhoso manual de instruções fornecido por seus pais, são inquestionavelmente relevantes para sua saúde. Você não pode controlar a cor dos olhos, a cor dos cabelos nem certos traços de sua personalidade. Apesar do que algumas pes-

Bons aromas têm benefícios imunológicos

Se comer chocolate gera tanta culpa que não diminui seu estresse nem aumenta sua concentração de imunoglobulina A, os ingleses têm uma solução: basta cheirar. Os resultados de um estudo foram apresentados no Encontro da Sociedade Inglesa de Psicofisiologia de Londres, em 1998, e diziam respeito à função imunológica relacionada a estímulos olfativos (cheiros). Os pesquisadores do Grupo de Pesquisa de Psicofisiologia e Estresse da Universidade de Westminster colocaram indivíduos numa situação em que ficavam de olhos vendados, o que mostrou ter efeitos negativos na IgA do grupo de controle. Depois mais dois grupos experimentais foram expostos ao cheiro de carne podre e ao cheiro de chocolate recém-derretido.

Os pesquisadores disseram que, embora o cheiro de carne estragada tenha produzido um declínio substancial da IgA, os efeitos prazerosos do cheiro de chocolate contrabalançaram os efeitos negativos da situação geral (diminuindo a redução de IgA), ao passo que o cheiro da carne podre produziu efeitos negativos. Um aspecto interessante dessa pesquisa foi o fato de que, numa avaliação subjetiva de dois aromas, o desempenho das mulheres mostrou diferenças extraordinárias entre os efeitos da carne podre e o efeito mais calmante do chocolate, enquanto as respostas dos homens foram mais moderadas. Mas, em contrapartida, os homens mostraram alterações mais substanciais do sistema imunológico que as mulheres. Veja só! Talvez os homens sejam mais suscetíveis aos aromas do que parecem.

soas possam dizer, os genes são importantes. Um exemplo: se você for um daqueles raros indivíduos que nasceram com um defeito imunológico congênito, nem a música nem os animais de estimação serão capazes de curá-lo. Para a maioria das pessoas, porém, as influências ambientais podem fazer uma bela diferença.

Digamos que 50% de sua saúde geral resulte da carga genética. Isso parece deprimente, mas também significa que os outros 50% não são. Todos já aceitamos esse fato no que diz respeito a doenças cardíacas e câncer. Se você fuma, seu risco de ter uma dessas duas enfermidades aumenta drasticamente. Se você come mal e não faz exercícios físicos, seus riscos aumentam ainda mais. Se você beber durante anos a fio, provavelmente terá um problema hepático. Todo mundo já aceita o fato de que o comportamento é extremamente relevante para a saúde – nós apenas estamos levando as coisas um pouco mais longe. Talvez o comportamento e a personalidade sejam mais importantes para a saúde do que imaginávamos.

Os comportamentos prazerosos, de modo geral, são associados à estimulação do sistema imunológico, segundo medidas feitas por meio de grande número de técnicas. Alguns estímulos são bem modestos, mas podem tornar-se cumulativos. Pequenas melhoras da função imunológica, decorrentes de várias fontes, somam-se e equivalem a um estímulo forte. Isso pode influenciar aquela equação complexa e impedir que você fique doente.

Mas é preciso ter cautela. Muita gente vai adorar esfregar ímãs em sua cabeça para "curá-lo" se você pagar, mas isso não surtirá efeito. Nós só examinamos estudos científicos. Por mais inusitadas que pareçam, algumas das pesquisas descritas aqui são, de fato, pesquisas. Quando têm defeitos óbvios, procuramos mostrá-los. Em alguns casos nossas especulações foram além do que os dados diziam. Mas acreditamos que os dados indicam uma tendência clara.

Vamos supor por um minuto que tudo o que lhe dissemos esteja errado. Digamos que 100 novos estudos sejam feitos e mostrem que a música não tem efeito algum sobre a IgA, que o apoio social é irrelevante para a sobrevivência a uma doença, que as risadas não afetam em absoluto as células matadoras, que afagar um bicho de estimação não ajuda, e assim por diante. Em primeiro lugar, ficaríamos muito surpresos. Em segundo lugar, lembre-se de nossos conselhos ao longo de todo este livro: procure criar uma rede de familiares e amigos íntimos nos quais você confia. Arranje um gato ou um cachorro e mime o bichinho. Ouça um pouco de música relaxante. Procure reduzir seu nível de estresse. Seja otimista. Ria. Nada disso lhe fará mal.

Glossário

Anedonia: incapacidade de sentir prazer.

Anticorpo monoclonal: anticorpos específicos clonados de uma única célula.

Anticorpo: proteína produzida pelos linfócitos B que reconhece e age para livrar o corpo de antígenos.

Auto-estima: sentimentos subjetivos de competência ou valor.

Basófilo: uma célula envolvida em reações alérgicas.

Catecolaminas: hormônios como a epinefrina e a norepinefrina, produzidos pelo sistema nervoso simpático como reação imediata ao estresse, o que dá início à resposta de lutar ou fugir.

Célula CD4: subgrupo de células T que abrange células T auxiliares e células T inflamatórias, incumbidas de solicitar às células B que produzam anticorpos e enviem fagócitos a um ferimento ou uma laceração.

Célula CD8: subgrupo de células T que abrange células T citotóxicas e células T supressoras, incumbidas de matar antígenos e suprimir a resposta imunológica (importante em doenças auto-imunes).

Célula T auxiliar: um subgrupo de células T incumbido de solicitar às células B que produzam anticorpos em presença de um antígeno.

Célula T: linfócito que amadurece e se diferencia no timo.

Células B: linfócitos que amadurecem na medula espinhal e se transformam em células plasmáticas que produzem anticorpos.

Células matadoras naturais (células NK): linfócitos grandes que se envolvem na destruição citotóxica de antígenos.

Células T supressoras: subgrupo de células T cuja tarefa é interromper a ação citotóxica, isto é, inibir as respostas auto-imunes.

Citocina: substância produzida por células do sistema nervoso ou do sistema imunológico que possibilitam a comunicação dentro desses sistemas e entre eles e geram tipicamente a ativação do sistema imunológico.

Citocinas pró-inflamatórias: IL-1, IL-6 e FNT (fator de necrose tumoral).

Citolítica: a capacidade de matar células com a ruptura da membrana celular.

Complemento: sistema de proteínas da linfa capazes de romper a membrana da célula.

Complexo de histocompatibilidade principal (CHP): genes encontrados em toda célula, incumbidos de levar os antígenos até a superfície da célula.

Concanavalina A: mitógeno extraído do feijão-de-porco *(Canavalis ensiformis)* que causa a proliferação de células T.

Cortisol: hormônio produzido pelas glândulas supra-renais durante o estresse que pode suprimir a atividade do sistema imunológico.

Dimensão estável: tendência a remover mentalmente as repercussões de certos incidentes.

Dimensão instável: é a tendência a considerar temporárias as repercussões de certos incidentes.

Dinorfina: substância opióide cuja liberação no sistema nervoso central está relacionada tanto à redução da dor quanto ao início do prazer.

Dissonância cognitiva: dissociação entre crença e realidade que produz desconforto.

Distúrbio afetivo sazonal (DAS): é um tipo de depressão que tem início devido à falta de exposição à luz do sol.

Encefalina: substância opióide cuja liberação no sistema nervoso central está relacionada tanto à redução da dor quanto ao início do prazer.

Endorfina: substância opióide cuja liberação no sistema nervoso central está relacionada tanto à redução da dor quanto ao início do prazer.

Eosinófilo: célula envolvida em reações alérgicas e na proteção contra parasitos.

Escala Rahe de estresse: um dos testes psicológicos padrão para avaliar o nível de estresse.

Estilo explanatório: é a forma característica de cada um de explicar por que as coisas acontecem.

Estímulo condicionado (EC): estímulo anteriormente neutro que adquiriu a capacidade de despertar uma resposta positiva ou negativa devido à associação com um estímulo incondicionado (EI).

Estresse: reação do corpo à percepção de uma ameaça real ou imaginária, física ou psicológica, que não temos certeza de vencer.

Fagócito: é uma grande variedade de células, entre as quais monócitos, macrófagos e neutrófilos, que envolvem e matam antígenos.

Fator de crescimento transformacional (TGF): citocina envolvida em múltiplas atividades, entre as quais a limitação da resposta inflamatória e a promoção da cicatrização de um ferimento.

Fator de necrose tumoral (FNT): citocina que dá início a respostas inflamatórias e destrói tumores.

Fator reumatóide: anticorpo auto-imune encontrado em indivíduos portadores de artrite reumatóide ou de grande número de distúrbios do tecido conectivo.

Fitohemaglutinina: mitógeno de célula T derivado do feijão roxinho.

Glicocorticóides: hormônios como o cortisol, produzidos pelas glândulas supra-renais em momentos de estresse, que aumentam o açúcar do sangue.

Grupo A de leucócitos humanos (HLA): o principal complexo de histocompatibilidade dos seres humanos.

HIV (vírus de imunodeficiência humana): microorganismo que infecta as células T CD4 e causa Aids.

Imunidade adquirida: reação do sistema imunológico que envolve exposição anterior a um antígeno específico e gera memória desse antígeno, bem como a capacidade subseqüente de produzir rapidamente anticorpos para combatê-lo.

Imunidade humoral: é o ramo do sistema imunológico responsável pela produção de imunoglobulina, cuja tarefa é prevenir e eliminar a presença de antígenos em combinação com outros componentes do sistema imunológico.

Imunidade inata: defesas que existem no corpo antes da exposição a um antígeno específico.

Imunidade mediada por células: resposta do sistema imunológico iniciada por linfócitos B e linfócitos T e dirigida contra bactérias, vírus e câncer.

Imunocompetência: é a capacidade que a pessoa tem de se defender contra doenças por meio do sistema imunológico.

Imunoglobulina A (IgA): o mais comum dos principais anticorpos sistêmicos, cuja função é impedir a entrada de antígenos no corpo e interagir com outros componentes do sistema imunológico para destruir antígenos já existentes no organismo.

Imunoglobulina D (IgD): um dos cinco principais anticorpos sistêmicos, cujas funções ainda são pouco conhecidas.

Imunoglobulina E (IgE): um anticorpo importante cuja função se restringe, na maior parte, a reações alérgicas e defesa contra parasitos.

Imunoglobulina G (IgG): anticorpo importante responsável pela proteção de longo prazo contra infecções.

Imunoglobulina M (IgM): anticorpo importante envolvido na proteção de curto prazo, em geral em momentos de agressão física ao corpo.

Imunoglobulina: é um anticorpo.

Imunomelhoria: é o uso de vários agentes ou conjuntos de circunstâncias de natureza física, psicológica ou ambiental para melhorar um aspecto da atividade do sistema imunológico.

Imunossupressão: ato de produzir a redução da atividade de qualquer dos principais subsistemas do sistema imunológico.

Interferons: grupo importante de citocinas envolvido na comunicação entre o sistema nervoso central e o sistema imunológico.

Interleucinas: grupo importante de citocinas envolvido na comunicação entre o sistema nervoso central e o sistema imunológico (como a IL-1, a IL-2 e a IL-6).

Linfócito: célula que reconhece e responde aos antígenos.

Linfoma: tipo de câncer que prolifera como tumor encontrado em células do sistema linfático.

Macrófago: célula do sistema imunológico cujo nome significa "grande comedor".

Manchas de Peyer: células linfóides do intestino delgado.

Mitógeno da erva-dos-cancros ou erva-dos-cachos: mitógeno da célula B derivado da erva-dos-cancros *(Phytolacca americana).*

Mitógeno: substância que provoca a proliferação de células.

Monócito: fagócito que circula por pouco tempo na corrente sanguínea e depois migra para os tecidos e se transforma em macrófago.

Neutrófilo: fagócito envolvido em respostas inflamatórias e ação citotóxica mediada por células.

Opiatos endógenos: substâncias que ocorrem naturalmente no corpo, como endorfinas e encefalinas, e produzem efeitos semelhantes aos dos opiatos como a morfina.

Otimismo: é o costume de dar explanações externas, instáveis e específicas para acontecimentos negativos.

Patógeno: antígeno que causa doenças.

Pessimismo: explanações internas, estáveis e globais de acontecimentos negativos.

Prostaglandina: neuropeptídio envolvido em fenômenos como a produção de dor.

Psiconeuroimunologia (PNI): campo da psicologia e da medicina dedicado às interações do sistema imunológico com o sistema nervoso e às variáveis psicológicas.

Questionário de determinação do estilo explanatório (QDEE): questionário destinado a avaliar o estilo explanatório, ou a forma de explicar as coisas.

Resposta condicionada (RC): reação positiva ou negativa adquirida devido a um estímulo condicionado (EC).

Resposta incondicionada (RI): é uma reação positiva ou negativa gerada automaticamente por um estímulo incondicionado (EI).

Resposta inflamatória: é o envio de células T auxiliares e fagócitos ao ponto em que houve lesão do tecido, cujo objetivo é a proteção.

Retrovírus: microorganismo de RNA que usa a transcriptase reversa para se reproduzir.

Sede de poder: é o desejo de controlar o ambiente ou de persuadir e influenciar os outros.

Síndrome da imunodeficiência adquirida (Aids): doença causada pelo retrovírus HIV, que destrói as células T auxiliares e com isso torna a pessoa suscetível a grande número de doenças oportunistas (como câncer e pneumonia).

Sistema efetor inespecífico: monócitos, neutrófilos, macrófagos e células matadoras naturais que circulam livremente e são capazes de participar da fagocitose e da ação citotóxica.

Sistema imunológico: um complexo de cinco grandes sistemas cuja função é impedir a entrada e eliminar a presença de antígenos no organismo.

Sistema linfático: é um sistema que envolve o baço e os nódulos linfáticos, responsável pela filtragem de antígenos do corpo.

Sistema nervoso autônomo: a parte automática do sistema nervoso periférico que está envolvida em sistemas de respostas como o estresse e as emoções.

Sistema nervoso central: o cérebro e a medula espinhal.

Sistema nervoso parassimpático: é a parte do sistema nervoso autônomo envolvida no relaxamento e nos estados emocionais positivos.

Sistema nervoso periférico: é a parte do sistema nervoso que não abrange o cérebro nem a medula espinhal.

Sistema nervoso simpático: é o ramo do sistema nervoso autônomo envolvido com estresse, ansiedade, situações de emergência e estados emocionais negativos.

Sistema reticuloendotelial (SRE): fagócitos encontrados no tecido conectivo de todo o corpo.

Tecido linfóide associado a mucosas (Malt): células linfóides do sistema respiratório e gastrintestinal.

Timo: órgão localizado atrás do esterno, no qual as células T amadurecem e se diferenciam.

Vacinação: introdução da versão relativamente inofensiva de um patógeno para estimular a produção de anticorpos e promover a proteção contra outras exposições.

Virulência: é a força ou potência infecciosa de um patógeno.

Vírus Epstein-Barr: microorganismo que, uma vez contraído, continua latente no corpo de um indivíduo. Sua ativação subseqüente pode levar a um linfoma, à mononucleose infecciosa ou à síndrome de fadiga crônica.

Referências bibliográficas

Introdução

BENEDETTI, F.; AMANZIO, M. (1997). The neurobiology of placebo analgesia: From endogenous opioids to cholecystokinin. *Progress in Neurobiology* 51, 109-125.

BLALOCK J.E. (1984). The immune system as a sensory organ. *Journal of Immunology* 132, 1067-1070.

BUCKALEW, L.W.; COFFIELD, K.E. (1982). An investigation of drug expectancy as a function of capsule color and size preparation form. *Journal of Clinical Psychopharmacology* 2, 245-248.

CRICK, F. *The astonishing hypothesis.* Nova York: Touchstone Books, 1995.

EVANS, F.J. Expectancy, therapeutic instructions and the placebo response. *Placebo: theory, research, and mechanisms,* 215-228; L. White, B. Tursky e G.E. Schwarts (orgs.) Nova York: Guilford, 1985.

HAWKES, C.H. (1992). Endorphins: The basis of pleasure? *Journal of Neurology, Neurosurgery and Psychiatry* 55 (4), 247-250.

LEHRMAN, N.S. (1993). Pleasure heals. *Archives of Internal Medicine* 153, 929-934.

MORGAN, L.G. (1998). Psychoneuroimmunology, the placebo effect and chiropractic. *Journal of Manipulative and Physiological Therapeutics* 21 (7), 484-491.

SALZET, M.; DIDIER, V.; DAY, R. (2000). Crosstalk between nervous and immune systems through the animal kingdom: Focus on opioids. *Trends in Neurosciences* 23 (11), 550-555.

STEFANO, G.B. *et al.* (2001). The placebo effect and relaxation response: neural processes and their coupling to constitutive nitric oxide. *Brain Research Reviews* 35, 1-19.

VAN EPPS, D.E.; SALAND, L. (1984). Beta-endorphin and metenkephalin stimulate human peripheral blood mononuclear cell chemataxin. *Journal of Immunology* 132, 3046-3053.

WALL, P.D. Pain and the placebo response. *Experimental and Theoretical Studies of Consciousness*, 187-216; Ciba Foundation Symposium, 174, Nova York: Wiley, 1993.

Capítulo 1

ABBAS, A.K.; LICHTMAN, A.H.; POBER, J.S. *Imunologia celular e molecular*. Rio de Janeiro: Revinter, 1999.

ABDOU, N.I.; PASCUAL, E.; RACELA, L.S. (1979). Supressor T-cell function and antisuppressor antibody in active early arthritis. *Arthritis and Rheumatism* 22, 586.

ALLARDYCE, R.A.; BIENENSTOCK, J. (1984). The mucosal immune system in health and disease, with an emphasis on parasitic infection. *Bulletin of the World Health Organization* 62, 7.

ANTONI, M.H. (1987). Neuroendocrine influences in psychoimmunology and neoplasia: A review. *Psychology and Health* I, 3-24.

_____. *Cancer facts and figures* (1995). Atlanta: American Cancer Society, Inc.

FISCHER, A.; KONIG, W. (1991). Influence of cytokines and cellular interactions on the glucocorticoid-induced Ig (E, G, A, M) synthesis of peripheral blood mononuclear cells. *Immunology* 74, 228-233.

FOLEY, F.W. *et al.* (1988). Psychoimmunological dysregulation in multiple sclerosis. *Psychosomatics* 29, 398-403.

Kuby, J. *Immunology*. Nova York: W.H. Freeman and Co., 1992.

MAIER, S.F.; WATKINS, L.R. (1999). Bidirectional communication between the brain and the immune system: Implications for behavior. *Animal Behavior* 57 (4), 741-751.

MULLER, N.; ACKEN, N. (1998). Psychoneuroimmunology and the cytokine action in the CNS: Implications for psychiatric disorders. *Progress in Neuro-Psychopharmacology and Biological Psychiatry* 22, 1-33.

OGRA, P.L. (1985). Local immune responses. *British Medical Bulletin* 41, 28.
PENICOFF, K.D. *et al.* (1987). The neuropsychiatric effects of treatment with interleukin-2 and lymphokine-activated killer cells. *Annals of Internal Medicine* 107, 293-300.
ROGERS, M.P.; FORDAR, M. (1996). Psychoneuroimmunology of autoimmune disorders. *Advances in Neuroimmunology* 6, 169-177.
ROITT, I.M.; BROSTAFF, J.; MALE, D.K. *Imunologia*. Barueri: Manole, 2002.
ROSSEN, R.D. *et al.* (1970). The protein in nasal secretions. *Journal of the American Medical Association* 211, 1157-1161.
TOMASSI, T.B. *The immune system of secretions*. Englewood Cliffs, NJ: Prentice-Hall, 1976.
UNDERDOWN, B.J.; SCHIFF, J.M. (1986). Immunoglobulin A: Strategic defense initiative at the mucosal surface. *Annual Review of Immunology* 4, 389-417.
YODFAT, Y.; SILVIAN, H. (1977). A prospective study of acute respiratory infections among children in a kibbutz. *Journal of Infectious Disease* 135, 26-30.

Capítulo 2

ARNETZ, B.B. *et al.* (1987). Immune function in unemployed women. *Psychosomatic Medicine* 49, 3-12.
BAGGISH, J. *Como funciona seu sistema imunológico*. São Paulo: Quark do Brasil, 1998.
BOVBJERG, D.H.; VALDIMARSDOTTIR, H. (1993). Familial cancer, emotional distress, and low natural cytotoxic activity in healthy women. *Annals of Oncology* 4, 743-752.
BRENNAN, F.X.; CHARNETSKU, C.J. (2000). Explanatory style and immunoglobulin A (IgA). *Integrative Physiological and Behavioral Science* 35, 251-255.
BURGER, R.A.; WARREN, R.P. (1998). Possible immunogenetic basis for autism. *Mental Retardation and Developmental Disabilities Research Reviews* 4, 137-141.
CONNOR, T.I.; LEONARD, B.E. (1998). Depression, stress and immunological activation: The role of cytokines in depressive disorders. *Life Sciences* 62 (7), 583-606.
DATTORE, P.J.; SHANTA, F.C.; COYNE, L. (1980). Premorbid personality differentiation of cancer and non-cancer groups: A test of the hypothesis

of cancer proneness. *Journal of Consulting and Clinical Psychology* 48, 388-394.

Dean, C.; Surtees, P.G. (1989). Do psychological factors predict survival in breast cancer? *Journal of Psychosomatic Research* 33, 561-569.

Derogatis, L.R.; Abeloff, M.D.; Melisaratos, N. (1979). Psychological coping mechanisms and survival time in metastatic breast cancer. *Journal of the American Medical Association* 242, 1504-1508.

Esterling, B.A. *et al.* (1994). Emotional disclosure through writing or speaking modulates latent Epstein-Barr virus antibody titers. *Journal of Consulting and Clinical Psychology* 62, 130-140.

Esterling, B.A. *et al.* (1993). Emotional repression, stress disclosure responses, and Epstein-Barr viral capside antigen titers. *Psychosomatic Medicine* 52, 397-410.

Fawzy, F.I *et al.* (1993). Malignant melanoma: effects of an early structured psychiatric intervention, coping and affective state on recurrence and survival 6 years later. *Archives of General Psychology* 50, 681-689.

Fife, A.; Beasley, P.J.; Fertig, D.L. (1996). Psychoneuroimmunology and cancer: Historical perspectives and current research. *Advance in Neuroimmunology* 6, 179-190.

Futterman, P.H. *et al.* (1994). Immunological variability associated with experimentally induced positive and negative affective states. *Psychosomatic Medicine* 22, 231-268.

Futterman, P.H. *et al.* (1992). Short-term immunological effects of induced emotion. *Psychosomatic Medicine* 54, 133-148.

Gavrilova, E.A.; Shabanova, L.F. (1998). Stress-induced disorders of immune function and their psychocorrection. *Human Physiology* 24 (1), 114-121.

Greer, S.; Morris, T.; Pettingale, K.W. (1979). Psychological response to breast cancer: Effect on outcome. *Lancet* 2, 785-787.

Grossman, C. (1985). Interactions between the gonadal steroids and the immune system. *Science* 227, 257-261.

Hahn, R.C.; Petitti, D.B. (1988). Minnesota Multiphasic Personality Inventory – Rated depression and the incidence of breast cancer. *Cancer* 61, 845-848.

Ironson, G. *et al.* (1994). Distress, denial and low adherence to behavioral interventions predict faster disease progression in gay men infected with HIV. *International Journal of Behavioral Medicine* 1, 90-105.

IRWIN, M.; SMITH, T.L.; GILLIN, J.C. (1987). Low natural killer cytotoxity in major depression. *Life Sciences* 41, 2127-2133.
KAMEN-SIEGEL, L. *et al.* (1991). Explanatory style and cell-mediated immunity in elderly men and women. *Health Psychology* 10, 229-235.
KAPLAN, G.A.; REYNOLDS, P. (1988). Depression and cancer mortality and morbidity: Prospective evidence from the Alameda County study. *Journal of Behavioral Medicine* 11, 1-13.
KEMENY, M.E.; GRUENWALD, T.L. (1999). Psychoneuroimmunology update. *Seminars in Gastrointestinal Disease* 10 (1), 20-29.
KNAPP, P.H. *et al.* (1992). Short-term immunological effects of induced emotion. *Psychosomatic Medicine* 54, 133-148.
LAUDENSLAGER, M.L. *et al.* (1983). Coping and immunosuppression: Inescapable but not escapable shock suppresses lymphocyte proliferation. *Science* 221, 568-570.
LIN, E.H.; PETERSON, C. (1990). Pessimistic explanatory style and response to illness. *Behavioral Research and Therapy* 28, 243-248.
LINN, M.W.; LINN, B.S.; JENSEN, J. (1984). Stressful events, dysphoric mood, and immune responsiveness. *Psychological Reports* 54, 219-222.
LOCKE, S.E. *et al* (1984). Life-change stress, psychiatric symptoms, and natural killer cell activity. *Psychosomatic Medicine* 46, 441-453.
MCCLELLAND, D.C.; ALEXANDER, C.; MARKS, E. (1980). The need for power: Stress, immune function, and illness among male prisoners. *Journal of Abnormal Psychology* 10, 93-102.
MCCLELLAND, D.C.; KRISHNIT, C. (1988). The effect of motivational arousal through films on salivary immunoglobulin A. *Psychology and Health* 2, 31-52.
MCCLELLAND, D.C.; ROSS, G.; PATEL, V. (1985). The effect of an examination on salivary norepinephrine and immunoglobulin levels. *Journal of Human Stress* 11, 57-59.
MAES, M.; BOSMANS, E.; MELTZER, H. *et al.* (1995). Increased plasma concentrations of interleukin-6, soluble interleukin-6, soluble interleukin-2 and trasferrin receptor in major depression. *Journal of Affective Disorders* 34, 301-309.
_____. (1993). Interleukin-1B: A putative mediator of HPA axis hyperactivity in major depression. *American Journal of Psychiatry* 150, 1189-1193.
MAES, M.; SMITH, R.E.; SCHARPE, S. (1995). The monocyte-T-lymphocyte hypothesis of major depression. *Psychoneuroendocrinology* 20, 111-116.

MAES, M.; VANDOOLAEGHE, E.; RANJAN, R. et al. (1996). Increased serum soluble CD5 or suppressor/cytotoxic antigen concentrations in depression: Suppressive effects of glucocorticoids. *Biological Psychiatry* 40, 1273-1281.

MAIER, S.F.; WATKINS, L.R. (1998). Cytokines for psychologists: Implications of bi-directional immune-to-brain communication for understanding behavior, mood and cognition. *Psychological Review* 105 (1), 83-107.

MARBACH, J.J.; SCHLEIFER, S.J.; KELLER, S.E. (1990). Facial pain, distress, and immune function. *Brain Behavior and Immunity* 4, 243-254.

MORAG, M. et al. (1999). Psychological variables as predictors of rubella antibody titers and fatigue – A prospective, double blind study. *Journal of Psychiatric Research* 33, 389-395.

O'LEARY, A. (1990). Stress, emotion and human immune function. *Psychological Bulletin* 108, 363-382.

PENNEBAKER, J.W.; BEALE, S.K. (1986). Confronting a traumatic event: Toward an understanding of inhibition and disease. *Journal of Abnormal Psychology* 95, 274-281.

PENNEBAKER, J.W.; Kiecolt-Glaser, J.K.; GLASER, R. (1988). Disclosures of traumas and immune function: health implications for psychotherapy. *Journal of Consulting and Clinical Psychology* 56, 239-245.

PERSKEY, V.W.; KEMPTHORNE-RAWSON, J.; SHEKELLE, R.B. (1987). Personality and risk of cancer: 20-year follow-up of the Western Electric study. *Psychosomatic Medicine* 49, 435-449.

PETERSON, C.; SELIGMAN, M.E.P.; VAILLANT, G.E. (1988). Pessimistic explanatory style is a risk factor for physical illness: A 35-year longitudinal study. *Journal of Personality and Social Psychology* 55, 23-27.

PETRIE, K.J.; BOOTH, R.J.; PENNEBAKER, J.W. (1998). The immunological effects of thought suppression. *Journal of Personality and Social Psychology* 75 (5), 1264-1272.

REED, G.M. et al. (1994). Realistic acceptance as a predictor of decreased survival time in gay men with AIDS. *Health Psychology* 13, 299-307.

REIN, G.; MCRATY, R.M. (1995). Effects of positive and negative emotions on salivary IgA. *Journal of Advances in Medicine* 8, 87-105.

REYNOLDS, P.; KAPLAN, G.A. (1990). Social connections and the risk for cancer: Prospective evidence from the Alameda County study. *Behavior Medicine* 16, 101-110.

SCHEIER, M.F.; CARVER, C. (1992). Effects of optimism on psychological and physical well-being: Theoretical overview and empirical update. *Cognitive Therapy and Research* 16, 201-228.

SELIGMAN, M.E.P. *Aprenda a ser otimista*. Rio de Janeiro: Nova Era, 1992.

SOLOMON, G.F. *et al.* (1987). An intensive psycoimmunologic study of long-surviving persons with AIDS: Pilot work, background studies, hypothesis, and methods. *Annals of the New York Academy of Sciences* 496, 647-655.

STONE, A.A. *et al.* (1987). Evidence that secretory IgA antibody is associated with daily mood. *Journal of Personality and Social Psychology* 52, 988-993.

TEMOSHOK, L. (1985). Biopsychosocial studies on cutaneous malignant melanoma: Psycho-social factors associated with prognostic indicators, progression, psychophysiology and tumor host response. *Social Science and Medicine* 20, 833-840.

WARD, M.M. *et al.* (1999). Psychosocial correlates of morbidity and cancer: Towards an integrative model. *Cancer Surveys* 6, 545-567.

WEINBERGER, D.A.; SCHWARTZ, G.E.; DAVIDSON, R.J. (1979). Low-anxious, high-anxious, and repressive coping styles: Psychometric patterns and behavioral and physiological responses to stress. *Journal of Abnormal Psychology* 88, 369-380.

WEISSE, C.S. (1992). Depression and immunocompetence: A review of the literature. *Psychological Bulletin* 111 (3), 475-489.

WIEDENFELD, S. *et al.* (1990). Impact of perceived self-efficacy in coping with stressors on components of the immune system. *Journal of Personality and Social Psychology* 59, 1082-1094.

YIRMIYA, R. (2000). Depression in medical illness: The role of the immune system. *Western Journal of Medicine* 173, 333-336.

Capítulo 3

ADER, R.; COHEN, N. (1993). Psychoneuroimmunology: Conditioning and stress. *Annual Review of Psychology* 44, 53-85.

ADER. R.; COHEN, N.; FELTEN, D. (1995). Psychoneuroimmunology: Interactions between the nervous system and the immune system. *Lancet* 345, 99-103.

ANTONI, M.H. *et al* (1990). Psychological and neuroendocrine measures related to functional immune changes in anticipation of HIV-1 serostatus notification. *Psychosomatic Medicine* 52, 496-510.

BARON, R.S. *et al.* (1990). Social support and immune function among spouses of cancer patients. *Journal of Personality and Social Psychology* 59, 344-352.

BARTROP, R. *et al.* (1977). Depressed lymphocyte function after bereavement. *Lancet* 1, 834-836.

BENSCHOP, R.J.; NIEUWENHUIS, E.; TROMP, E. *et al.* (1994). Effects of B-adrenergic blockade on immunologic and cardiovascular changes induced by mental stress. *Circulation* 89, 762-769.

BIONDI, M.; ZANNINO, L-G. (1997). Psychological stress, neuroimmunomodulation, and susceptibility to infectious disease in animals and man. *Psychotherapy and Psychosomatics* 66 (1), 3-26.

BOVBJERG, D.H. *et al.* (1990). Anticipatory immune suppression and nausea in women receiving cyclic chemotherapy for ovarian cancer. *Journal of Consulting and Clinical Psychology* 58, 153-157.

CANNON, W.B. *The wisdom of the body.* Nova York: W.W. Noston, 1939.

COHEN, S. *et al.* (1998). Types of stressors that increase susceptibility to the common cold in healthy adults. *Health Psychology* 17, 214-223.

COHEN, S.; TYRRELL, D.A.; SMITH, A.P. (1991). Psychological stress and susceptibility to the common cold. *New England Journal of Medicine* 325, 606-612.

FLESHNER, M. *et al.* (1989). Reduced serum antibodies associated with social defeat in rats. *Physiology and Behavior* 45, 1183-1187.

_____. (1995). RU-486 blocks differentially suppressive effect of stress on in vivo anti-KLH immunoglobulin response. *American Journal of Physiology* 271, R1344-R1352.

GLASER, J.K. *et al.* (1986). Modulation of cellular immunity in medical students. *Journal of Behavioral Medicine* 9, 5-21.

GREEN, M.L.; GREEN, R.G.; SANTORO, W. (1998). Daily relaxation modifies serum and salivary immunoglobulins and psychophysiologic symptom severity. *Biofeedback and Self Regulation* 13, 187-199.

GREEN, R.G.; GREEN, M.L. (1987). Relaxation increases salivary immunoglobulin A. *Psychological Reports* 61, 623-629.

HELSING, K.L.; SZKLO, M.; COMSTOCK, E.W. (1981). Mortality after bereavement. *American Journal of Public Health* 71, 802-809.

HEWSON-BOWER, B.; DRUMMOND, P.D. (1996). Secretory immunoglobulin A increases during relaxation in children with and without recurrent upper respiratory tract infection. *Journal of Developmental Behavioral Pediatrics* 17, 311-316.

HOLMES, T.H.; RAHE, R.H. (1967). The social readjustment rating scale. *Journal of Psychosomatic Research* 11, 213-218.

KIECOLT-GLASER, J.K. *et al.* (1987). Marital quality, marital disruption, and immune function. *Psychosomatic Medicine* 49, 13-34.

KIECOLT-GLASER, J.K. *et al.* (1995). Slowing of wound healing by psychological stress. *Lancet* 346, 1194-1196.

LAUDENSLAGER, M.L.; FLESHNER, M., HOFSTADTER, P. *et al.* (1988). Suppression of specific antibody production by inescapable shock: Stability under varying conditions. *Brain, Behavior, and Immunity* 2, 92-101.

MAIER, S.F.; WATKINS, L.R. (2000). The immune system as a sensory system: Implications for psychology. *Current Directions in Psychological Science* 9, 98-102.

MATTHEWS, K.A. *et al.* (1995). Sympathetic reactivity to acute stress and immune response in women. *Psychosomatic Medicine* 57, 564-571.

MCKINNON, W. *et al* (1989). Chronic stress, leukocyte subpopulations, and humoral response to latent viruses. *Health Psychology* 8, 389-402.

NAKATA, A.; ARAKI, S.; TANIGAWA, T. *et al.* (1996). Effect of uncontrollable and controllable electric shocks on T lymphocyte subpopulation in the peripheral blood, splenn, and thymus of rats. *Neuroimmunomodulation* 3, 336-341.

SAPOLSKY, R.M. (1999). Glucocorticoids, stress, and their adverse neurological effects: relevance to aging. *Experimental Gerontology* 34, 721-732.

SCHLEIFER, S.J. *et al.* (1983). Suppression of lymphocyte stimulation following bereavement. *Journal of the American Medical Association* 250, 374.

SELYE, H. *The stress of life.* Nova York: McGraw-Hill, 1956.

SIEBER W.J.; RODIN, J.; LARSON, L. *et al.* (1992). Modulation of human natural killer cell activity by exposure to uncontrollable stress. *Brain, Behavior, and Immunity* 6, 141-156.

STONE, A.A. *et al.* (1994). Daily events are associated with secretory immune response to an oral antigen in men. *Health Psychology* 13, 440-446.

STONE, A.A. *et al.* (1992). Development of common cold symptoms following experimental rhinovirus infection is related to prior stressful life events. *Behavioral Medicine* 8, 115-120.

STRAUMAN, T.J.; LEMIEUX, A.M.; COE, C.L. (1993). Self-discrepancy and natural killer cell activity: Immunological consequences of negative self-evaluation. *Journal of Personality and Social Psychology* 64, 1042-1052.

Syvalahti, E. et al (1985). Nonsuppression of cortisol in depression and immune function. *Neuro-Psychopharmacology and Biological Psychiatry* 9, 14-22.

Weinberger, D.A.; Schwartz, G.E.; Davidson, R.J. (1979). Low-anxious, high-anxious, and repressive coping styles: Psychometric patterns and behavioral and physiological responses to stress. *Journal of Abnormal Psychology* 88, 369-380.

Capítulo 4

Bartlett, D.; Kaufman, D.; Smeltekop, R. (1993). The effects of music listening and perceived sensory experiences on the immune system as measured by interleukin-1 and cortisol. *Journal of Music Therapy* 30 (4), 194-209.

Blanchard, B.E. (1989). The effect of music on pulse-rate, blood pressure and final exam scores of university students. *Journal of Sports, Medicine and Physical Fitness* 19 (3), 470-471.

Blood, D.; Ferris, S. (1993). Effects of background music on anxiety, satisfaction with communication, and productivity. *Psychological Reports* 72, 171-177.

Boldt, S. (1996). The effects of music therapy on motivation, psychological well-being, physical comfort, and exercise endurance of bone marrow transplant patients. *Journal of Music Therapy* 3, 164-188.

Brennan, F.X.; Charnetski, C.J. (2000). Stress and immune system function in a newspaper's newsroom. *Psychological Reports* 87, 218-222.

Brennan, F.X.; Charnetski, C.J.; Harrison, J. (1998). Music and Immunoglobulin A (IgA): The role of stress and affect. Monografia apresentada no encontro anual da Eastern Psychological Association em Boston.

Brewer, J.F. (1998). Healing sounds. *Complementary Therapies in Nursing Midwifery* 4, 7-12.

Byers, J.F.; Smyth, K.A. (1997). Effect of a music intervention on noise annoyance, heart rate, and blood pressure in cardiac surgery patients. *American Journal of Critical Care* 6, 183-191.

Charnetski, C.J.; Brennan, F.X.; Harrison, J.F. (1998). Effect of music and auditory stimuli on immunoglobulin A (IgA). *Perceptual and Motor Skills* 87, 1163-1170.

_____. (1997). The effect of music on secretory immunoglobulin A (IgA). Monografia apresentada no encontro anual da Eastern Psychological Association em Washington, DF.

CHARNETSKI, C.J. et al. (1989). The effect of music modality on immunoglobulin A (IgA). *Journal of the Pennsylvania Academy of Science* 63, 73-76.

CHARNETSKI, C.J.; TIMCHACK, S.; PEUTL, N.; TOPA, J. (2001). Hemispheric priming in children with autism. Monografia apresentada no encontro anual da Eastern Psychological Association em Washington, DF.

COLLINS, S.K.; KUCK, K. (1991). Music therapy in the neonatal intensive care unit. *Neonatal Network* 99, 23-26.

COVINGTON, H.; CROSBY, C. (1997). Music therapy as a nursing intervention. *Journal of Psychosocial Nursing* 35, 34-37.

CREUTZFELDT, O.; OJEMANN, G. (1989). Neuronal activity in the human lateral temporal lobe III: Activity changes during music. *Experimental Brain Research* 77 (3), 490-498.

CUNNINGHAM, M.F.; MONSON, B.; BOOKBINDER, M. (1997). Introducing a music program in the perioperative area. *Association of Operating Room Nurses Journal* 66 (4), 674-682.

DILLON, K.M.; MINCHOFF, B.; BAKER, K.H. (1985). Positive emotional state and enhancement of the immune system. *International Journal of Psychiatry in Medicine* 15, 13-18.

EVANS, B.; HUCLEBRIDGE, C.; WALTERS, N. (1993). The relationship between secretoy immunity, mood, and life events. *British Journal of Clinical Psychology* 32, 227-236.

HANSER, S.B. (1985). Music therapy and stress reduction research. *Journal of Music Therapy* 22 (4), 193-206.

HARRIS, C.S.; BRADLEY, R.J.; TITUS, S.K. (1992). A comparison of the effects of hard rock and easy-listening on the frequency of observed inappropriate behaviors: Control of environmental antecedents in a large public area. *Journal of Music Therapy* 24, 6-17.

HICKS, F. (1992). The power of music. *Nursing Times* 88, 72, 74.

_____. (1994). The role of music therapy in the care of the newborn. *Nursing Times* 91, 31-33.

HUCKLEBRIDGE, F. et al. (2000). Modulation of secretory immunoglobulin A in saliva: response to manipulation of mood. *Biological Psychology* 53, 25-35.

KLEIN, S.A.; WINKELSTEIN, M.L. (1997) Enhancing pediatric health care with music. *Journal of Pediatric Health Care* 10, 74-81.

LANE, D. (1992). Music Therapy: A gift beyond measure. *Oncology Nursing Society Forum* 19 (6), 863-867.

LENTON, S.R.; MARTIN, P.R. (1991). The contribution of music vs. instructions in the musical mood induction procedure. *Behavioral Research Therapy* 29 (6), 623-625.

McCRATY, R. *et al.* (1996). Music enhances the effect of positive emotional states on salivary IgA. *Stress Medicine* 12, 167-175.

MONJAN, A.A.; COLLECTOR, M.I. (1977). Stress-induced modulation of the immune response. *Science* 196, 307-310.

NOLAN, R.S. (2000). Delta society to explore influence of animals on human health. *Journal of the American Veterans Medical Association* 21, 8-9.

OLDHAM, G.R. *et al.* (1995). Listen while you work? Quasi-experimental relations between personal-stereo headset use and employee work responses. *Journal of Applied Psychology* 80 (5), 547-564.

RAUSCHER, F.H.; SHAW, G.L.; KY, K. (1993). Music and spatial task performance. *Nature* 365, 611.

RIDER, M. (1990). Imagery, improvisation, and immunity. *Psychotherapy* 17, 211-216.

RIDER, M.S. *et al.* (1990). Effect of immune system imagery on secretory IgA. *Biofeedback Self Regulation* 15, 317-333.

RIDER, M.S.; FLOYD, J.W.; KIRKPATRICK, J. (1985). The effect of music therapy and relaxation on adrenal corticosteroids and the re-entrainment of circadian rhythms. *Journal of Music Therapy* 22, 46, 58.

ROBERTS, K.R. *et al.* (1998). Adolescent emotional response to music and its relationship to risk-taking behaviors. *Journal of Adolescent Health* 23, 49-54.

ROUTHIEAUX, R.L.; TANSIK, D.A. (1997). The benefits of music in hospital waiting room. *Health Care Supervisor* 16, 31-40.

SMITH, J.L.; NOON, J. (1998). Objective measurement of mood change induced by contemporary music. *Journal of Psychiatric and Mental Health Nursing* 5, 403-408.

STECKLER, M. (1998). The effects of music on healing. *Journal of Long-term Home Health Care* 17 (1), 42-48.

TOBIA, D.M. *et al.* (1999). The benefits of group music at the 1996 music weekend for women with cancer. *Journal of Cancer Education* 14, 15-119.

UPDIKE, P.A.; CHARLES, D.M. (1987). Music Rx: Physiological and emotional responses to taped music programs of preoperative patients awaiting plastic surgery. *Annals of Plastic Surgery* 19, 29-33.

WHITE, J.M. (1999). Effects of relaxing music on cardiac autonomic balance and anxiety after acute myocardial infarction. *American Journal of Critical Care* 8, 220-230.

Capítulo 5

BERKMAN, L.S.; SYME, S.L (1979). Social networks, host resistance, and mortality: A nine-year follow-up study of Alameda County residents. *American Journal of Epidemiology* 109, 186-204.

CHARNETSKI, C.J.; BRENNAN, F.X. (1999). The effect of sexual behavior on immune function. Monografia apresentada no encontro anual da Eastern Psychological Association em Providence, R.I.

FAHLKE, C. et al. (2000). Rearing experiences and stress-induced plasma cortisol as early risk factors for excessive alcohol consumption in nonhuman primates. *Alcohol Clinical and Experimental Research* 24, 644-650.

HARLOW, H.F. (1958). The nature of love. *American Psychologist* 13, 573-685.

KIECOLT-GLASER, J.K. et al. (1998). Marital stress: immunologic, neuroendocrine, and autonomic correlates. *Annals of the New York Academy of Science* 840, 656-663.

KINSEY, A.C. et al. *Sexual behavior in the human female*. Filadélfia: W.B.Saunders, 1953.

Kinsey, A.C., Pomeroy, W.B., e Martin, C.E. *Sexual behavior in the human male*. Filadélfia: W.B. Saunders, 1948.

KOMISARUK, B.R.; WHIPPLE, B. (1999). Love as sensory stimulation: Physiological consequences of its deprivation and expression. *Psychoneuroendocrinology* 23, 927-944.

MASTERS, W.H.; JOHNSON, V.E. *Human sexual response*. Boston: Little Brown & Company, 1964.

ORNISH, D. *Amor e sobrevivência*. Rio de Janeiro: Rocco, 1999.

PERT, C.B. *Molecules of emotion*. Nova York: Scribner, 1997.

STERNBERG, R.J. *The triangle of love*. Nova York: Basic Books, 1988.

STRANGE, K.S. et al. (2000). Psychosocial stressors and mammary tumor growth: An animal model. *Neurotoxicology and Teratology* 22, 89-102.

WEDEKIND, C. et al. (1995). MHC-dependent mate preferences in humans. *Proceedings of the Royal Society of London and the British Biological Society* 260, 245-249.

Capítulo 6

ALLEN, K.; BLASCOVICH, J. (1996). The value of service dogs for people with severe ambulatory disabilities. *Journal of the American Medical Association* 75, 13, 1001-1006.

ANDERSON, W.P. et al. Pet ownership and risk factors for cardiovascular disease. *Medical Journal of Australia* 157, 5, 298-301.

BAUN, M.M. et al. (1983). Physiological effects of human/companion animal bonding. *Nursing Research* 33, 126-129.

BRASIC, J.R. (1998). Pets and health. *Psychological Reports* 83, 1011-1024.

CHARNETSKI, C.J.; RIGGERS, S.; BRENNAN F.X. (2001). The effect of petting a dog on immunoglobulin A (IgA). Monografia apresentada no encontro anual da Eastern Psychological Association em Washington, DF.

FRIEDMANN, E. et al. (1983). Social interaction and blood pressure: influence of animal companions. *Journal of Nervous and Mental Disease* 171, 461-465.

FRIEDMANN, E.; THOMAS, S.A. (1985). Pets and the family: Health benefits of pets for families. *Marriage and Family Review* 8, 191-203.

HOLCOMB, R.; MEACHAM, M. (1989). Effectiveness of an animal-assisted therapy program in an inpatient psychiatric unit. *Antbrozoos* 2, 259-264.

JENNINGS, L.B. (1997). Potential benefits of pet ownership in health promotion. *Journal of Holistic Nursing* 15, 358-372.

JORGENSON, J. (1997). Therapeutic use of companion animals in health care. *Journal of Nursing Scholarship* 29 (3), 249-254.

LYNCH, J.J. et al. (1977). Human contact and cardiac arrhythmia in a coronary care unit. *Psychosomatic Medicine* 39, 188-192.

MASON, M.S.; HAGAN, C.B. (1999). Pet-assisted psychotherapy. *Psychological Reports* 84, 1235-1245.

SERPELL, J. (1991). Beneficial effects of pet ownership on some aspects of human health and behavior. *Journal of the Royal Society of Medicine* 84, 717-720.

SIEGEL, J.M. (1990). Stressful life events and use of physician services among the elderly: The moderate role of pet ownership. *Journal of Personality and Social Psychology* 58, 1081-1086.

THOMAS, W.H. *Life worth living.* Acton, MA: VanderWyk and Burnaham, 1996.
VORMBROCK, J.K.; GROSSBERG, J.M. (1988). Cardiovascular effects of human-pet dog interactions. *Journal of Behavioral Medicine* 11, 509-517.
WINKLER, A. *et al.* (1989). The impact of a resident dog on an institution for the elderly: Effects on perception and social interactions. *The Gerontologist* 29, 216-223.
WRIGHT, J.C.; MOORE, D. (1982). Comments on "Animal companions and one-year survival of patients after discharge". *Public Health Reports* 97, 380-381.
YATES, J. (1987). Project PUP: The perceived benefits to nursing home residents. *Antbrozoos* 1, 188-192.

Capítulo 7
BERK, L.S. *et al.* (1989). Neuroendocrine and stress hormone changes during mirthful laughter. *American Journal of Medical Science* 298, 390-396.
COUSINS, N. (1979). Anatomy of an illness (as perceived by the patient). *New England Journal of Medicine* 295, 1458-1463.
DILLON, K.M.; MINCHOFF, B.; BAKER, K.H. (1985). Positive emotional states and enhancement of the immune system. *International Journal of Psychiatry in Medicine* 15, 13-19.
FRY, W.F. (1992). The physiological effects of humor, mirth, and laughter. *Journal of the American Medical Association* 267, 1857-1858.
HARRISON, L.K. *et al.* (2000). Cardiovascular and secretory immunoglobulin A reactions to humorous, exciting, and didactic film presentations. *Biological Psychology* 52, 113-126.
LABOTT, S.M. *et al.* (1990). The physiological and psychological effects on the expression and inhibition of emotion. *Behavioral Medicine* 16, 182-189.
LAMBERT, R.B.; LAMBERT, N.K. (1995). The effects of humor on secretory immunoglobulin A levels in school-aged children. *Pediatric Nursing* 21, 16-19.
LEFCOURT, H.M.; DAVIDSON-KATZ, K.; KUENEMAN, K. (1990). Humor and immune-system functioning. *Humor* 3, 305-321.
MARTIN, R.A.; LEFCOURT, H.M. (1983). Sense of humor as a moderator of the relation between stressors and moods. *Journal of Personality and Social Psychology* 45, 1313-1324.

MARTIN, R.B.; GUTHRIE, C.A.; PITTS, C.G. (1993). Emotional crying, depressed mood, and secretory immunoglobulin A. *Behavioral Medicine* 19, 111-114.

PETRIE, K.J.; BOOTH, R.J.; PENNEBAKER, J.W. (1998). The immunological effects of thought suppression. *Journal of Personality and Social Psychology* 75, 1264-1272.

STONE, A.A. *et al.* (1994). Daily events are associated with a secretory immune response to an oral antigen in men. *Health Psychology* 13, 440-446.

STONE, A.A. *et al.* (1987). Evidence that secretory IgA antibody is associated with daily mood. *Journal of Personality and Social Psychology* 5, 988-993.

Capítulo 8

AI, A.L. *et al.* (1998). The role of private prayer in psychological recovery among midlife and aged patients following cardiac surgery. *The Gerontologist* 38, 591-601.

LEVIN, J.S.; CHATTERS, L.M.; TAYLOR, R.J. (1995). Religious effects on health status and life satisfaction among black Americans. *Journals of Gerontology – Biological Sciences, Psychological Sciences, and Social Sciences* 50, S154-S163.

MATTHEWS, D.A. *The faith factor: proof of the healing power of prayer.* Nova York: Penguin, 1999.

MCEACHRON, D.L. *et al.* (1995). Environmental lighting alters the infection process in an animal model of AIDS. *Pharmacology Biochemistry and Behavior* 51, 947-952.

OLECKNO, W.A.; BLACCONIERE, M.J. (1991). Relationship of religiosity to wellness and other health-related behaviors and outcomes. *Psychological Reports* 68, 819-826.

SIMONTON, O.C.; MATTHEWS-SIMONTON, S.; CREIGHTON, J.L. *Com a vida de novo.* São Paulo: Summus, 1987.

SUADIA, T.L. *et al.* (1991). Health locus of control and the helpfulness of prayer. *Heart and Lung* 20, 60-65.

Capítulo 9

ADER, R.; COHEN, N. (1975). Behaviorally conditioned immunosuppression. *Psychosomatic Medicine* 37, 333-340.

_____. (1982). Behaviorally conditioned immunosuppression and murine systemic lupus erythematosus. *Science* 215, 1534-1536.

Associates for Research into the Science of Enjoyment (1996): www.arise.org.
Buske-Kirschbaum, A. et al. (1992). Conditioned increase of natural killer cell activity (NKCA) in humans. *Psychosomatic Medicine* 54, 123-132.
Bybee, J. (1996). Guilt, guilt-evoking events, depression, and eating disorders. *Current Psychology* 15, 113-127.
Clow, A. et al. (1998). The effect of neutral, pleasant and unpleasant odours on salivary IgA secretion. Encontro da British Psychophysiology Society, Londres.
Hirameto, R.N. et al. (1997). Psychoneuroendocrine immunology: Site of recognition, learning and memory in the immune system and the brain. *International Journal of Neuroscience* 92 (1-2), 259-286.
Lowe, G.; Greenman, J.; Lowe, G. (1999). Pleasure, guilt and secretory immunoglobulin A. *Psychological Reports* 85, 339-340.
Mazzeo, R.S. et al. (1998). Immune response to a single bout of exercise in young and elderly subjects. *Mechanisms of Ageing and Development* 100, 121-132.
Nieman, D.C. (1997). Exercise immunology: Practical applications. *International Journal of Sports Medicine* 18, S91-S100.
Olness, K.; Ader, R. (1992). Conditioning as an adjunct in the pharmacotherapy of lupus erythematosus. *Journal of Developmental and Behavioral Pediatrics* 13, 124-125.
Pavlov, I. P. *Conditioned reflexes.* Londres: Oxford University Press, 1927.
Woods, J.A. et al. (1999). Effects of 6 months of moderate aerobic exercise training on immune function in the elderly. *Mechanisms of Ageing and Development* 109, 1-19.

Impressão e Acabamento
Com fotolitos fornecidos pelo Editor

EDITORA e GRÁFICA
VIDA & CONSCIÊNCIA

R. Agostinho Gomes, 2312 • Ipiranga • SP
Fonefax: (11) 6161-2739 / 6161-2670
e-mail: grafica@vidaeconsciencia.com.br
site: www.vidaeconsciencia.com.br